日本語の活用現象

ひつじ研究叢書〈言語編〉

第 103 巻　場所の言語学　　　　　　　　　　　　　　　　　　　　岡智之 著
第 104 巻　文法化と構文化　　　　　　　　　　　　　　　秋元実治・前田満 編
第 105 巻　新方言の動態 30 年の研究　　　　　　　　　　　　　　佐藤髙司 著
第 106 巻　品詞論再考　　　　　　　　　　　　　　　　　　　　　山橋幸子 著
第 107 巻　認識的モダリティと推論　　　　　　　　　　　　　　　木下りか 著
第 108 巻　言語の創発と身体性　　　　　　　　　　　　児玉一宏・小山哲春 編
第 109 巻　複雑述語研究の現在　　　　　　　　　　　　岸本秀樹・由本陽子 編
第 110 巻　言語行為と調整理論　　　　　　　　　　　　　　　　　　久保進 著
第 111 巻　現代日本語ムード・テンス・アスペクト論　　　　　　工藤真由美 著
第 112 巻　名詞句の世界　　　　　　　　　　　　　　　　　　　　西山佑司 編
第 113 巻　「国語学」の形成と水脈　　　　　　　　　　　　　　　　釘貫亨 著
第 115 巻　日本語の名詞指向性の研究　　　　　　　　　　　　　　新屋映子 著
第 116 巻　英語副詞配列論　　　　　　　　　　　　　　　　　　　鈴木博雄 著
第 117 巻　バントゥ諸語の一般言語学的研究　　　　　　　　　　　湯川恭敏 著
第 118 巻　名詞句とともに用いられる「こと」の談話機能　　　　　　金英周 著
第 119 巻　平安期日本語の主体表現と客体表現　　　　　　　　　　高山道代 著
第 120 巻　長崎方言からみた語音調の構造　　　　　　　　　　　　松浦年男 著
第 121 巻　テキストマイニングによる言語研究　　　　　　岸江信介・田畑智司 編
第 122 巻　話し言葉と書き言葉の接点　　　　　　　　　　石黒圭・橋本行洋 編
第 123 巻　パースペクティブ・シフトと混合話法　　　　　　　　　山森良枝 著
第 124 巻　日本語の共感覚的比喩　　　　　　　　　　　　　　　　武藤彩加 著
第 125 巻　日本語における漢語の変容の研究　　　　　　　　　　　鳴海伸一 著
第 126 巻　ドイツ語の様相助動詞　　　　　　　　　　　　　　　　髙橋輝和 著
第 127 巻　コーパスと日本語史研究　　　　　　近藤泰弘・田中牧郎・小木曽智信 編
第 128 巻　手続き的意味論　　　　　　　　　　　　　　　　　　　武内道子 著
第 131 巻　日本語の活用現象　　　　　　　　　　　　　　　　　　三原健一 著

ひつじ研究叢書
〈言語編〉
第131巻

日本語の活用現象

三原健一 著

ひつじ書房

序

　できれば避けて通りたいと思っていた領域に足を踏み入れてしまう傾向があるようだ。25年ほど前に時制の研究を始めたときがそうだった。なぜ時制に興味を持ってしまったのだろうと。そして、もう10年前のことになるが、活用の問題を考え始めたときも、まさにそういう思いがした。いやむしろ、時制よりさらに避けて通りたいとさえ思っていた領域だった。それまで、活用表に興味を持ったことはなかったし、手にした専門書や論文にも心は躍らなかった。それに、いま振り返ってみると、自分には活用に関しては新しいことが何も言えないだろうと漠然と考えていたような気もする。しかし、それは当然のことかもしれない。研究者は、心から「面白い」と思える対象にしか興味を持たないが、同時に、学界に「貢献」できると思える研究でないと意欲が湧かないものだろうから。が、よく考えてみると、避けて通りたい領域とは、「知らない」領域のことでもある。すなわち、知識が欠けている領域である。とすれば、研究者というのは「知りたがる」人種なので、避けて通りたい怖い領域を垣間見たくなるのは、ある意味では、研究者の宿命なのかもしれない。

　ともあれ、活用の問題に足を踏み入れてしまったのだが、それからが大変で、ではどうすればよいのかが皆目分からず、手探りの状態が随分長いあいだ続いた。その硬直状態が緩み始めたのは、2006年頃だったと思うが、筑波大学の竹沢幸一氏から、日本語の活用形に関するパネルセッションを日本語文法学会大会でやらないかと声をかけていただいてからだった。これが、竹沢氏を司会・進行とし、内丸裕佳子、西山國雄、そして筆者を発表者として持った「日本語活用形への理論的アプローチ」（2007年10月、筑波大学における第8回大会）というパネルセッションだった。「ハートに火をつけて」くれた竹沢幸一氏に感謝したい。

上記のセッションは、まずは成功だったと思うが、発表者が理論言語学者だけであったことがずっと気になっていた。日本語の活用と言えば日本語学者に参加いただく必要がある。それで実現したのが、日本言語学会第143回大会（2011年11月、於大阪大学）でのシンポジウム「活用論の前線」であり、司会・総括仁田義雄、講師は野田尚史、田川拓海、そして筆者という布陣であった。このシンポジウムでの発表は、その後、益岡隆志氏、吉永尚氏、西山國男氏を加えて論文集『活用論の前線』（くろしお出版）として刊行された。

　本書は、生成文法理論を基盤とする統語論の視座を中核におき、日本語学的方法論による意味の観点をも大幅に加えた論調となっている。が、それが成功しているかどうかは外の目に委ねたい。ひょっとすると、荒唐無稽でとんでもないことを言っているのではないかという思いが、いまでも意識を去らない。しかし、1つだけ言っておきたいことがある。それは、筆者の長年の信条でもあるのだが、日本語の文法を考えるにあたって、構造（生成文法）と意味（日本語学）は車の両輪であり、互いに支え合いつつ日本語についての理解を深めていきたいということである。このことは、関西言語学会第18回大会（1993年11月、於関西学院大学）でのシンポジウムで話し、「理論言語学と日本語学の相互乗り入れを目指して」という小論が『KLS』第14号に掲載された。本書が、理論言語学・日本語学のいずれか（あるいは双方）に携わる方々に読まれ、ご批判を賜ることができれば望外の喜びである。

　本書では、そのような意図をできる限り反映させたかったので、生成文法理論を基盤としつつも、秘教的な議論は避け、ごく基本的な生成文法の基礎知識さえあれば読み進められるよう努力したつもりである。また、日本語学の方々には馴染みが薄いかもしれないと思われる事項には、可能な限り解説を加えるようにした。

　本書は、現代日本語における動詞の活用形を切り口として、活用形が絡む統語・意味現象を解明することを目的としている。第1章では、本書を貫く、いわば通奏低音ともいうべき事項について総括的に述べた。本書での「活用形」の定義や認定基準もこの章で提示

してある。第2章から最後の第6章までは、本書で設定する活用形ごとに各章に分けて論じている。本書の大きな問題意識の1つとして、現代日本語では同形となる動詞の終止形と連体形が、何を共有し何を異にしているかを明らかにしたいということがあった。従って、この2つの活用形に関しては、「断定（assertion）」をキーワードとして、叙法（ムード）に関わる叙法断定を論じた第3章と、時制に関わる時間断定について述べた第4章に分けて記述した。そして、本書のもう1つの問題意識として、管見によれば、これまでの活用論では俎上に載せられたことがないと思われるが、日本語において「不定形（infinitive）」を認めるべきだということがあるので、これを第6章として独立させた。本書は、現段階において筆者が正しいと信じることを書いたつもりだが、先に述べたように、何かとんでもないことを書いたのではないかという危惧の念も拭い切れずにいる。が、賽は投げられた。あとは大方のご判断に任せたい。

　本書に至る道のりで、直接・間接にお世話になった方々は、多すぎて、とてもここには書き切れない。非礼を承知しつつ割愛させていただきたい。ただ、大阪大学、及び旧大阪外国語大学の講義や演習において、未整理なアイデアを辛抱強く聞いてくれただけでなく、鋭い質問で筆者を困らせたり、ハッとするアイデアを出してくれたりした大学院生諸君には心から感謝の意を表したい。2016年3月末をもって筆者も定年退職となる。このような素晴らしい環境で教育・研究ができたこと、そして、学生というかけがえのない財産を手に入れたことは、筆者にとって最高の贈り物であった。このことは、深い感慨とともに記しておきたい。

目　次

　　　序　　　　　　　　　　　　　　　　　　　　　v

第1章　活用形　　　　　　　　　　　　　　　　　　1
　　1. はじめに　　　　　　　　　　　　　　　　　1
　　2. 活用形の認定　　　　　　　　　　　　　　　2
　　3. 句構造　　　　　　　　　　　　　　　　　　4
　　4. 南の階層構造　　　　　　　　　　　　　　　6
　　5. 節内に入る要素　　　　　　　　　　　　　　9
　　6. 不活性化分析　　　　　　　　　　　　　　　11
　　7. 第1章のまとめ　　　　　　　　　　　　　　13

第2章　連用形　　　　　　　　　　　　　　　　　　17
　　1. はじめに　　　　　　　　　　　　　　　　　17
　　2. 付帯状況の「ながら」節　　　　　　　　　　18
　　3. 付帯状況の連用形節　　　　　　　　　　　　21
　　4. 継起の連用形節　　　　　　　　　　　　　　22
　　5. 並列の連用形節　　　　　　　　　　　　　　23
　　6. 命令文の形式　　　　　　　　　　　　　　　24
　　7. 命令文と主語　　　　　　　　　　　　　　　27
　　8. 副詞　　　　　　　　　　　　　　　　　　　31
　　9. アスペクト要素　　　　　　　　　　　　　　34
　　10. 作用域解釈　　　　　　　　　　　　　　　　35
　　11. 第2章のまとめ　　　　　　　　　　　　　　38

第3章　終止形と連体形　　叙法断定を中心に　　　　43
　　1. はじめに　　　　　　　　　　　　　　　　　43
　　2. 判断確定性条件　　　　　　　　　　　　　　44
　　3. 認識のモダリティ　　　　　　　　　　　　　47
　　4. 文副詞　　　　　　　　　　　　　　　　　　52
　　5. ガ・ノ可変　　　　　　　　　　　　　　　　53

        6. 第3章のまとめ　　　　　　　　　　　　　　　　56

第4章　終止形と連体形　時間断定を中心に　　　　　　　59
        1. はじめに　　　　　　　　　　　　　　　　　　　59
        2. 投錨　　　　　　　　　　　　　　　　　　　　　61
        3. 動詞らしさを失った活用形　　　　　　　　　　　65
        4. 発見・想起の「た」　　　　　　　　　　　　　　66
        5. 物語文のテンス　　　　　　　　　　　　　　　　70
        6. 自由間接話法　　　　　　　　　　　　　　　　　72
        7. 第4章のまとめ　　　　　　　　　　　　　　　　74

第5章　テ形　　　　　　　　　　　　　　　　　　　　　77
        1. はじめに　　　　　　　　　　　　　　　　　　　77
        2. テ形節のタイプ　　　　　　　　　　　　　　　　78
        3. 付帯　　　　　　　　　　　　　　　　　　　　　79
        4. 継起　　　　　　　　　　　　　　　　　　　　　81
        5. 節の連続　　　　　　　　　　　　　　　　　　　84
        6. 並列　　　　　　　　　　　　　　　　　　　　　88
        7. 第5章前半のまとめ　　　　　　　　　　　　　　89
        8. 否定の作用域　　　　　　　　　　　　　　　　　90
        9. モダリティの作用域　　　　　　　　　　　　　　91
       10. テ形節の内部構造（1）　述語的部分の要素　　　95
       11. テ形節の内部構造（2）　述語的部分以外の要素　97
       12. 第5章後半のまとめ　　　　　　　　　　　　　100

第6章　不定形　　　　　　　　　　　　　　　　　　　107
        1. はじめに　　　　　　　　　　　　　　　　　　107
        2. 形式に依存する不定形　　　　　　　　　　　　108
        3. 不定形とテンス素性　　　　　　　　　　　　　110
        4. 断定　　　　　　　　　　　　　　　　　　　　111
        5. 条件の「と」節　　　　　　　　　　　　　　　113
        6. 談話修復　　　　　　　　　　　　　　　　　　115
        7. 不定形節と作用域解釈　　　　　　　　　　　　117
        8. 日本語の動詞移動　　　　　　　　　　　　　　118
        9. 動詞移動の意味的効果　　　　　　　　　　　　122
       10. テンス素性の照合　　　　　　　　　　　　　　125

11. 第6章のまとめ　127

　参考文献　131
　索引　139

第 1 章

活用形

1. はじめに

　本書では、動詞の活用形を「切り口」にして、多方面に亘る日本語の統語構造と意味の諸問題を論じる。方法論的には、生成文法（構造）と日本語学（意味）の相互乗り入れを目指すという、筆者の長年の信条を背景とするものである。活用は、語構成と密接に関わるので、形態論の視座が必要であるのは当然のことであるが、本書では、形態論的なことには深入りせず、統語論及び意味論の観点からの分析を提示したい（形態論に関する研究は多数あるが、まず、鈴木 1972、城田 1998 を挙げておきたい）。

　さて本章では、第 2 章以下で順次提示する議論の背景となる、総体的な枠組みについて述べることにする。

　意味（陳述・ムード）を対象とする意味論的研究は、三上（1953, 1959）に端を発し、独自の立場から活用を論じた川端（1978–1979）を挟んで、寺村（1984）に受け継がれていく。寺村（1984: 17）は、川端（1978–1979）を引いて、「活用の現象は本質的に意味の問題として解決されねばならない」と明確に述べている。寺村の言う「意味の問題」とは、「…活用というのは、概念的なコト…が、現実の文として発せられるときに、話し手の態度を表すべくどうしても述語がそこから一つを選ばなければならない形態素の体系である…」（同書 12 頁）という発言から理解されるように、いわゆる「ムード」のことである。「風向きが西に変わる（こと）」という概念的なコトは、現実の文として発せられるときには、「風向きが西に変わった」（確言）、「風向きが西に変われば」（仮定）、「風向きがなかなか西に変わらない」（否定）、「風向きはまもなく西に変わる」（予言）などのように、命題に対する話し手の様々な態

度を表す衣装をまとって現れる。

　一方、益岡（2000）は、三上・寺村を受け継ぎながらも、活用形にムードを持ち込まないという方針を採っている。それは、例えば、寺村が「保留」と呼んでいる連用形・テ形にムードを認めるのは無理だといった理由からである。本書でも、三上・寺村・益岡とは別の観点から意味の問題を詳しく見るが、例えば、終止形と連体形の区別を論じる際に、人間の「判断」に関わる「断定」の問題を深く掘り下げることになる。

　意味を車輪の１つとして、もう１つの車輪、すなわち統語論の観点からの分析が必要とされる。しかしながら、日本語の動詞に関しては特に、（理論言語学の）統語論的観点からなされた研究がほぼ皆無であるという状況が長く続いてきた。近年になって、内丸（2006）、田川（2008）、三原（2011a, 2012b）などにおいて、動詞の活用に関する統語論的分析がなされるようになってきたが、秤量としてまだまだ足りない状態である。活用論は、多岐に亘って探求されるべき最重要分野の１つであり、現代日本語においては特に、明らかにすべきことが手つかずのまま山のように積み重なっている。統語論的研究は緊急課題であると言い切っておきたい。

2. 活用形の認定

　日本語の活用形は、伝統的に、終止形・命令形のように文が終わる活用形と、未然形・連用形・仮定形のように他の語に続く活用形に峻別されてきた[*1]。学校文法の活用表でも、「終わる形」「続く形」として活用形が認定されている。(1a)の活用形は、それぞれ(1b)で下線を引いた部分とされているが、例えば未然形は、(1b)で挙げた否定（ない）の他に、受身（られる）・使役（させる）・意志（う、よう）に続く形ということになっている。

(1) a.　未然形、連用形、終止形、連体形、仮定形、命令形
　　 b.　食べない、食べます、食べる、食べるとき、食べれば、食べろ

しかしながら、寺村（1984）に指摘があるように、否定・受身・

使役・意志が自然類（natural class）をなすとは思えないので、未然形とは「これらに続く形」であると言われても、そもそも、分類基準に疑念があると言わざるを得ない。本書でも、先達に倣い未然形は設定しない（例えば寺村 1984、鈴木 1989 など参照）。

　学校文法の活用表については、古典語の活用表を無理やり現代語に当てはめたものであることを初めとして、繰り返し批判の対象となってきた。本書では、これらの批判について屋上屋を重ねることは避け、別の視点から学校文法の活用表が孕む問題について述べておきたい*2。

　まず、形態の点についてである。今一度、(1a, b) を見られたい。ここにおいて、未然形、連用形、仮定形、命令形（から「ろ」を除いた部分）はすべて「食べ」という同一形態である。すなわち、「形態」の観点から日本語の活用形を考えるとき、これらはすべて 1 つの形態（連用形）に収束させる方が経済的な記述であろう*3。それとは逆に、テ形（「食べて」など）は、連用形から分化したという経緯があり、従って、歴史的には連用形と出自を等しくするのだが*4、統語的・意味的に連用形とは振る舞いが大いに異なるので、後に見るように、別活用形として設定したい。次に、仮定形については、基本形に限ってみても「(食べ) れば」「(食べ) たら」「(食べる) と」「(食べる/食べた) なら」という 4 つの形式があるので、「れば」のみを挙げるのは、分類がいかにも粗いと言わざるを得ない。後述するように、この 4 種は統語的にも意味的にも相互に異なり、仮定形として一括される活用形は存在しないのである。さらに、（動詞の）連体形は終止形と同一形態を取るのだが、これも後に詳細に述べるように、判断とテンス解釈の問題を考えるとき、別の活用形とすべきである*5。

　以上のことに鑑み、本書では次の 5 種の活用形を認定する。

　(2) 連用形、不定形、テ形、連体形、終止形

不定形とは、「る」または「た」の形で現れるが、「る/た」形の交替がなく、従って、定形テンス性を欠く活用形である（「商売を {する/*した} かたわら」「下を {向いた/*向く} きり」など）*6。

3. 句構造

　本書では、活用形を「V位置に語根形として生成された動詞が、句構造中で動詞移動を経るごとに顕現する形態」と定義する。動詞移動は主要部移動であるので、設定する活用形の数は、動詞移動の着地点となる主要部の数を超えないことになる。語根形（root）とは、例えば「食べる」「行く」であれば、それぞれ「tabe」「ik」と表示される形態である*7。ただし、語根形は概念表示のみを担い、構文的職能がない（独立して使用できない）ので活用形とはしない*8。句構造としては、「地図製作計画（Cartography Project）」（Rizzi1997, 2004）の名で知られている（3）の句構造を援用する*9。

(3)
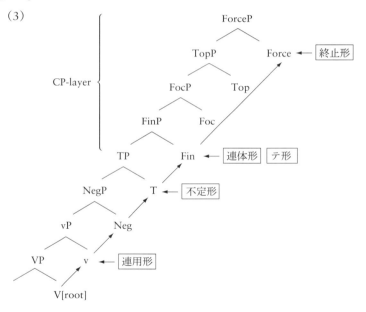

　ForcePは平叙文や疑問文など文タイプを決める範疇（cf. Chomsky 1995）、Top（ic）Pは指定部（範疇名の左枝下に位置する位置。（3）では紙幅の関係で指定部を省いて示してある）に主題句を含む範疇、Foc（us）Pは、かき混ぜられた句などの焦点句を指定部に擁する範疇、Fin（ite）Pは定形テンスを決める範疇で

4

ある。ForceP から FinP までは、かつての句構造では CP で一括されていた範疇で、「CP 層（CP-layer）」と呼ばれる。TopP や FocP などが設定されていることからも分かるように、地図製作計画とは、主題や焦点といった談話情報をも句構造上に反映させ、CP 領域の「地図」を精密化しようとする計画なのである。

　TP 以下は、標準的なミニマリストプログラム（Minimalist Program、以下 MP）でも援用される句構造であるが、少し解説を加えておこう。TP は、かつての IP/S で、T（テンス）を主要部とする範疇である。NegP は否定辞句を示し、主要部 Neg 位置を占めるのは、「食べな（tabe-na）」での「な」である。否定形が T 位置まで動詞移動すると、「食べない／食べなかった」という不定形が生じる。vP/VP は 2 階建ての動詞句構造で、「VP 殻（VP-shell）」と呼ばれる。いわゆる動詞句内主語仮説（VP-internal subject hypothesis）」に則り、主語（外項）は、まず vP 指定部に生成され、その後、節のタイプにより上位のいずれかの範疇に移動する（例えば、定形節の主語であれば FinP あるいは ForceP 指定部）。小動詞（small verb）v は、音形を伴わない抽象的な動詞であるが、主語に動作主（agent）の意味役割を付与する。他方、VP は、主要部に語彙的動詞 V を擁する範疇で、目的語などの内項がこの中に位置する。

　V 位置に語根形（root）として生成された動詞が、v 位置まで動詞移動して顕現するのが連用形、さらに T 位置まで移動して顕現するのが不定形（否定文では Neg を経由）、Fin 位置に着地して現れるのが連体形とテ形、そして、Force 位置まで動詞移動するのが終止形である。T 位置では、「食べる／行く」といった「形式」のみが決定され、これに定形テンス性を付与するのは Fin の仕事である。テ形は、連用形が、T 位置を経由せずに直接 Fin 位置に至り着いて顕現する*10。活用形と句構造のこのような見方の背後にあるのは、連用形は「小さい活用形」であり、終止形は「大きい活用形」であるといった直感である。例えば、連用形動詞を有する節には、認識のモダリティや文副詞、そして主題などが入らない。これらのことは、南（1974, 1993）の階層構造を取り入れた分析の過程で、

順次肉付けしていきたい。

　なお、母音語幹動詞では、tabe のように語根形がそのまま連用形になり、子音語幹動詞の連用形では、ik-i のように -i が現れるが（正確には、tabe- ∅ /ik-i- ∅ のようにゼロ接辞 ∅ が付いて連用形となる）、この -i は緩衝母音（epenthesis）であり、統語論的に見る活用形とは無関係である。同様の見解は、三上（1953）、田川（2008）の他には、Poser（1984）、Divis and Tsujimura（1991）、Volpe（2005）などにも見られる。

4. 南の階層構造

　現代日本語の従属節研究に対して、南（1974, 1993）が果たした役割は、いくら評価しても評価し過ぎるということはない。従属度の概念にも繋がる、理論言語学的な斬新な視座が、国語学の伝統の中から出てきたということにも驚きの念を禁じ得ない。

　1974年に刊行された著書の第4章において、南は、従属節（南の用語では「従属句」）を下記の3種に区分し、それぞれのタイプによって、節内に含まれる要素の秤量が異なることを明らかにした。A類節に入る要素の種類が最も少なく、C類節に収まる要素の種類が最も多い。B類節はその中間となる。

(4) a.　A類：ながら、つつ、て（付帯状況）
　　 b.　B類：て（継続・並列）、連用形（継続・並列）、ので、のに、れば・たら・と・なら（条件）、ながら（逆接）、ず（に）・ないで（否定）
　　 c.　C類：が、から、けれど、て、連用形

　A類は、「食べ｛ながら/つつ｝」のように、前接する活用形が連用形を取る節と、テ形節からなっている。B類については、上の提示でお分かりいただけるかと思うが、C類に関しては少し説明を加えておこう。C類のテ形は、例は挙げられているが、用法名が付されていない。また、連用形の例が見られないが、テ形の例として(5)が示されていることから推測すると、「ありまして」の部分を「あり」に置き換えたものかと思われる。

(5) たぶんA社は今秋新機種を発表する予定でありまして、B社も当然なんらかの対抗策をとるものと思われます。

(南 1974: 124)

そして、南は、A類・B類・C類が（6）のような階層関係にあることを論証した。南の「階層構造」として知られている抱合関係である。（7）に見るように、「より大きな節」の中に「より小さな節」（及び同類の節）は入り得るが、その逆は成り立たない（(7)の括弧表示は筆者による）。

(6)

(7) a. [[_B [_A キャラメルをなめながら] 走ると] 舌をかみますよ]。
  b. *[[_A [_C 焦げるおそれがありますから] かきまぜながら] 煮ましょう]。（南 1974: 125）
  c. [_C 焦げるおそれがありますから] [[_A かきまぜながら] 煮ましょう]。

(7a) では、A類の「ながら（付帯状況）」節がB類の「と（条件）」節の中に収まっており、(6) の階層関係を満たしている。一方、(7b) の構造化では、C類の「から（理由）」節がA類の「ながら」節の中に入っており、(6) を満たしていない。(7c) のように、「から」節を「ながら」節から取り出して主節と併置する場合は、もちろん言える。

南（1974, 1993）では明記されていないが、南が階層構造を設定した背後にあった直感は、従属節には、「大きい」もの（C類）と「小さい」もの（A類）の区分があり、B類がその中間を構成する、つまり、従属節には「節サイズ」の違いがあるというものであったことは、おそらく間違いない。この直感は、まさに正しいと考えるが故に、三原（2011a）では、南の分析を基本的な点で踏まえた上で、「活用形によって節サイズが異なる」という仮説を提示したのだった。ただ、本章の最後で述べる理由で、節サイズという概念化は大幅に修正したい。

さて、南(1974, 1993)が言語研究において果たした役割には甚大なものがあるのだが、具体的な分析に問題がない訳ではない。また、だからこそ、田窪(1987)を嚆矢として、南の階層構造に対する部分的修正案が幾つも提案されてきた訳である。問題点のすべてを網羅するのは本書の目的ではないが、本書での議論と関わる幾つかの点を、ここで取り上げておきたい。(4)を再掲しよう。

(4) a. A類:ながら、つつ、て(付帯状況)
　　 b. B類:て(継続・並列)、連用形(継続・並列)、ので、のに、れば・たら・と・なら(条件)、ながら(逆接)、ず(に)・ないで(否定)
　　 c. C類:が、から、けれど、て、連用形

まず気付くことは、連用形とテ形が、A類・B類・C類すべてに含まれていることである(「ながら」「つつ」に前接するのは連用形である)*11。後に明らかにするように、連用形節とテ形節は、統語的には大いに異なる振る舞いを見せるので、別類とすべきである。議論を先取りして言えば、連用形節はA類的振る舞いを示すのに対し、テ形節はB類的振る舞いを見せるのである。なお、ここでA類「的」のような言い方をするのは、本書での概念化と南の概念化の、基本的な立ち位置が異なるからである。従って、本書での分類は、南の分類と一対一には重ならないのであるが、「大まかな」対応関係を示すと(8)のようになる。

(8) a. A類 ≒ vP
　　 b. B類 ≒ FinP
　　 c. C類 ≒ ForceP

C類の連用形とテ形については、前々頁の(5)(下に再掲)で少しコメントを加えたが、南が(5)でのテ形をC類としているのは、(5)には主題(A社は)が含まれるからである。主題は南の分類ではC類要素である。

(5) たぶんA社は今秋新機種を発表する予定でありまして、B社も当然なんらかの対抗策をとるものと思われます。

(南 1974: 124)

しかしながら、(5)における「は」は対照主題の「は」であり、

純粋主題の「は」ではない。対照主題の「は」は、「太郎はその本は読んだらしい」のように元位置でも可能であり、純粋主題の「は」のように、文頭（正確にはTopP指定部）に生起する必要はない。「は」には、そもそも対照の機能が本来的に備わっており（寺村1984）、従って、元位置でもその機能を果たし得るのである。対照主題は、TopP領域に統語的手段で移動させる必要のある純粋主題とは、質的に異なると言えよう（もちろん、両者の間に意味的な連続性があることは否定しない）。以上のことより、C類の連用形・テ形を設定する必要はないと結論付けたい。

　南のもう1つの問題点は、4つの条件形「れば」「たら」「と」「なら」を、すべて同類のB類としていることである。これが条件形の実際の姿と異なることは、順次示していきたい。

　既に述べたように、本書での概念化は南の分類とは重なり合わないのだが、それぞれの節内に「入る（入らない）要素」というアイデアは、活用形ごとに意味も構造も異なるという論証に極めて有益な手段となるので、節を改めて本書での観点を提示することにしよう。

5. 節内に入る要素

　当節では、vP/FinP/ForcePに分けて、それぞれの範疇内に入る（入らない）要素を確認する。vPは、述語にとって必須の要素（項）・随意的な要素（付加詞）を範疇内に完備しており、項構造的な意味において完全機能範疇（complete functional complex (CFC); Chomsky 1986）である。そしてForcePは、定形テンスの他に、話し手の主観的態度を示すモダリティ要素（話し手めあてのモダリティ）や、聞き手に対する働きかけ要素（聞き手めあてのモダリティ）をすべて含むCFCである。他方TPは、テンス（T）主要部は有しているものの、そこで決まるのは「る/た」という形式（不定形）のみであり、これに定形性を付与するのはFinなので、TPは、ある意味で「欠陥的（defective）」な範疇であると言える。近年のMPでは、統語派生を位相（Phase）単位で行うが

(Chomsky 2001)、位相は vP と CP であり、TP は位相としては扱われない。さらに、Chomsky (2008) では、T が持つテンス素性と一致 (Agree) 素性は C から継承するとされており、全体的に T の独立性を否定する方向にある。

さて、vP 内には、項や付加詞、動詞句副詞、使役・受身、そして（動詞句内）主語など、vP/VP 内に生起する要素が入り得る*12。前接する活用形が連用形である「ながら」節で観察しよう。なお、「ながら」節は否定を含み得ないが、付帯状況の連用形節では、「足をそんなに上げずに走りなさい」のように「ず/ずに」形なら許容する。「ず/ずに」は Neg 要素であると考えられる。

(9) a. 彼女と、お茶を飲みながら（付加詞・項）
 b. ゆっくり歩きながら（動詞句副詞）
 c. 生徒に本を読ませながら/父に叱られながら（使役・受身）
 d. 行雄が [$_{vP}$PRO [$_{VP}$ 空を見あげながら]] ボーッとしている。（動詞句内主語）

次に FinP 内には、vP 要素に加えて、否定辞（NegP 要素）、文副詞と定形テンス（共に FinP 要素）、そして、定形接続のモダリティ（FinP 要素）が入り得る*13。南 (1974, 1993) において B 類要素とされている「ので」節で検証してみよう。

(10) a. 僕は行かないので（否定）
 b. たぶん、美穂が来るので（文副詞）
 c. 休講だったので（定形テンス）
 d. 荷物が届いているかもしれないので（定形接続モダリティ）

そして ForceP 内には、vP 要素/FinP 要素に加えて、純粋主題（TopP 要素）、かき混ぜ句（FocP 要素）、終助詞（ForceP 要素）が入り得る。南 (1974, 1993) 分類で C 類となっている「から」節で観察する（ただし、終助詞は C 類従属節でも無理なので、(11c) のみ独立文の例を挙げる）。

(11) a. 直人は合格したから、うちのクラスの合格者数は 6 名になる。（主題）

b.　田中君に、私が預けておくから、後で受け取ってくれ。
　　　　（かき混ぜ句）
　　　c.　僕も行くよ。（終助詞）

以上の観察を総合すると、vP/FinP/ForceP内に入る（入らない）要素の総体が明確に見えてくる。

（12）

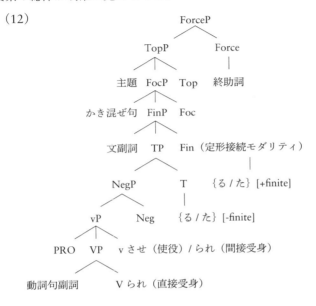

この構図は、本書における後の分析の基盤となるので、ここで十分に押さえておいて欲しい。

6.　不活性化分析

　筆者は、三原（2011a）で、連用形・連体形・終止形を有する節の「節サイズ」は、それぞれvP・FinP・ForcePであると主張した。これは、例えば（肯定形の）連用形節であれば、vPより上位の範疇が欠けているということであり、生成文法の伝統において、ときおり「裁断（truncation）分析」と呼ばれてきた分析方法である（裁断分析については、Hooper and Thompson 1973、Haegeman 2006など参照）。本書では、この主張を取り下げ、最も「小さい」

連用形から最も「大きい」終止形まで、節構造は同一であるが、活用形によって構造の「どの」部分を利用しているか、逆に言えば「どの」部分を不活性化（inactivate）しているかという分析方法に改めたい。これは、節によってサイズが異なるという非対称的な見方が理論的に好ましくないという理由もあるが、言語事実に基づく経験的理由の方がむしろ大きい。

　第2章で、連用形節がvP部分を活性化している（利用している）活用形であることを詳細に論じる。しかしながら、連用形節（(13)では継起の連用形節）はかき混ぜ句を許容する。

　(13) その本を、昨日、太郎は紀伊国屋で買い…

かき混ぜ句は焦点要素であるので、その生起位置はFocP指定部である（Nakamura 2008、藤巻2011）。とすれば、連用形節もFocPを「利用し得る」としなければならない。このことは、他の活用形でも起こる。例えば不定形節はTP部分を活性化しているが（詳しくは第6章）、不定形節でもかき混ぜが可能である（(14a)では「絞る」、(14b)では「渡ろうとした」が不定形）。

　(14) a.　郊外型ショッピングモールに、大手資本がターゲットを絞るにつれて…
　　　 b.　淀屋橋を、デモ隊がシュプレヒコールを上げながら渡ろうとしたとたん…

また、命令文は、文末の「え/ろ」を除いた部分は連用形であるので（子音語幹動詞では、ik-iから緩衝母音の-iを削除した部分）、命令文もvP構造を利用している筈である。

　(15) a.　すぐ伊丹空港に行け。(ik-e)
　　　 b.　まあ、これでも食べろ。(tabe-ro)

が、命令文は終助詞を付加し得る。

　(16) 元気を出せよ。

終助詞は聞き手めあての機能を果たすので、定義上、Forceに付加される要素であると考えられる。とすれば、命令文はForcePを「利用し得る」とする必要がある。

　以上の考慮から、すべての節は（17）の構造を有するのだが、活用形によって、ある範疇より上位の部分を不活性化しているとい

う見解に改めたい。

(17) [$_{\text{ForceP}}$ [$_{\text{TopP}}$ [$_{\text{FocP}}$ [$_{\text{FinP}}$ [$_{\text{TP}}$ [$_{\text{(NegP)}}$ [$_{\text{vP}}$ [$_{\text{VP}}$ …]]]]]]]]

つまり、例えば連用形節であれば、通常はvPより上の部分を不活性化しているのであるが、ある場合に、その部分を活性化するという訳である。

では、どのような場合に、通常は利用していない部分を活性化するのだろうか。それは、恐らく、談話上の要請に応じるためであろう。かき混ぜは、先行談話で話題になっている要素（談話主題）を、後続する文においてかき混ぜる。先行文脈が何もない状況で、「マイケル・ジャクソンに、花子が会ったんだって！」と言うのは甚だ奇妙であろう。つまり、例えばかき混ぜといった談話特性が導入された場合、元の文構造（利用している部分）がvPであっても、かき混ぜ句を受け入れられるように修正を加え、FocP部分を活性化すると考えられるのである。これを「談話修復（discourse repair）」と呼ぶことにしよう。この時、談話修復が要求しない部分を活性化させる必要はない。例えば、連用形は非定形であるから、連用形節にかき混ぜが適用される場合でも、FinPを活性化させる必要はない。句構造にも、そのような可変性（flexibility、構造における「あそび」の部分）があるのではないかと考えられよう（談話修復については第6章でもう一度取り上げる）。

7. 第1章のまとめ

第1章では以下のことを論じた。
①現代日本語の活用形として、連用形、不定形、テ形、連体形、終止形の5種を認定する。
②活用形とは、V位置に生成された動詞が、（地図製作計画の）句構造中で動詞移動を経るごとに顕現する形態である。
③活用形の認定方法の1つとして、それぞれの活用形を有する節の中に、どのような要素が入るか（入らないか）というテスト枠を用いる。
④それぞれの活用形によって、句構造のどの部分を不活性化してい

るかが異なる。ただし、不活性化している部分も、談話修復により活性化させることがある。

＊1　「終わる形・続く形」として捉えられる日本語の活用は、人称・性・数に応じた動詞の語形変化である西欧系言語の活用（Agreement に基づく活用）とは全く違うように思えよう。例えば時枝（1950: 99–100）は、両者が「その性質が根本的に異なってゐる」と述べている。しかしながら、これは、野田（2012）が明確に指摘しているように、「活用論」の違いであって、「活用」の違いではない。主語と動詞の一致は日本語にはないが、「終わる形」と「続く形」の区分であれば西欧系言語にもある。John *speaks* Russian や *Eat* it! のイタリック部分は、それぞれ終止形と命令形に対応するし、John is *seated* や John started *studying* French のイタリック部分は、それぞれ、テ形（座っている）と連用形（学び始める）に相当する。

　この点に関する極めて重要な指摘が三上（1953）にある。三上は、「終わる形・続く形」に基づく活用を「自律的語形変化」、人称・性・数に基づく活用を「他律的語形変化」と呼び分けており、他律的語形変化は「動詞の意味内容には全く無関係な付加的変化」（復刻版 157 頁）であると正しく指摘している。I *speak* Russian と John *speaks* Russian で動詞の意味は異ならない。それに対して自律的語形変化は、本論で詳しく論じるように、例えば終止形と連体形では、断定様式やテンス解釈が異なるといったように、まさに動詞の「意味」が異なるのである。

＊2　学校文法の活用表に対する批判については、古くは田丸（1920）からあり、佐久間（1936）、Bloch（1946）、宮田（1948）、奥田（1953）を経て、その後も、三上章、渡辺実、鈴木重幸、宮島達夫、寺村秀夫他、多くの研究者によってなされてきた。

＊3　本書で言う連用形は、伝統的な意味での連用形とは異なるので、別の名称を設定すべきなのかもしれないが、「連用形」の名称が定着していることに鑑み、このまま使用することにしたい。

＊4　このことに鑑み、寺村（1984）は、連用形とテ形を「保留形」として括った上で、連用形を基本語尾（終止形の非過去形に相当する）、テ形をタ形語尾と称している。また、言語学研究会は、連用形を第一なかどめ、テ形を第二なかどめと呼んでいる。

＊5　連体形を終止形とは別の活用形とするかどうかについては、研究者間で意見が異なる。寺村（1984）は連体形を立てていないが、奥田（1985a, b）、高橋（1994）は連体形を設定する。「機能」を重視する言語学研究会としては、連体形と終止形を分けるのは当然のことであろう。また、日本語の体系的な参照文法を目指す日本語記述文法研究会（編）（2010）も連体形を認めている。

＊6　不定形を認める数少ない研究者に三上章がいる（三上の用語では「不定法」）。が、本書で言う不定形は、三上の不定法とは大いに異なる。三上（1959、

復刻版149–150頁）では（i）の下線部が不定法であるとされており、雑多なものが不定法の名の下に括られているのが分かる。
(i)　a.　切符を買いに行く
　　b.　雨が降りはしたが
　　c.　雨が降ったらしいですよ
　　d.　習うより慣れろだ
　　e.　知らないことを知らないと言う ― これがなかなかできないのです
　　f.　このことを光が回折すると言います

三上がこれらを不定法と総称した理由は分からない。そもそも、「不定法は下に法がついているが、ムウドの名前ではない。英文法の用語そのままにインフィニチブと呼ぶ方がいいかも知れない」（復刻版164頁）という記述を読む限り、名称的にも混乱している印象を受ける。ただ、「（センテンスの）静的要素の方を不定法部分（dictum）と称し、動的要素をキマリ（modus）と名づける」（三上1953、復刻版190頁）という発言から推測するに、dictum（proposition）を構成する部分に現れる動詞の活用形を、不定法として大まかに括ろうとしたのかもしれない。ちなみに、本書の基準では、(id–f) は不定形だが、(ia–c) は不定形ではない。

*7　本書では、語根と語幹を以下のように区別している。「語幹（stem）」は、さらに小さい、最小単位となる「語根（root）」に切り分けることができる。例えば、「Darwinianism」（進化論に関するダーウィン説）は、次の構造を取る。
(i)

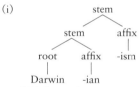

この概念化からすると、ik/tabe は次のようになる（ϕ は連用形のゼロ語尾を示す）。
(ii)　a.　ik　　　　root
　　 b.　ik-i-ϕ　　stem
(iii) a.　tabe　　　root
　　 b.　tabe-ϕ　　stem

*8　学校文法では否定形を設定しないが、佐久間（1936）のように、これを設定する研究者もいる（佐久間の用語では「打消形」）。筆者も、三原（2011a）までは否定形を設定していたが、否定形は tabe-na/ik-a-na という形態となり、独立して使用できないので、否定形を1つの活用形として認定する見解は撤回したい。

*9　Rizzi (1997) では、FocP と FinP の間にも TopP が設定されているが、活用形とは連動しないのでこれを省いて示す。また、Rizzi (2004) では、さらに多く、Force – Top – Int – Foc – Mod – Top – Fin という主要部が設定されている。なお、TopP/FocP 自体は活用形と直接的には関わらないのだが、後に、主題句・かき混ぜ句を問題にする関係上、(3) には含めてある。

*10　従って、テ形を形成する動詞は T に立ち寄らないことになる。これは、古

典的な主要部移動制約（Travis 1984）の違反となるが、相対化最小条件（Relativized Minimality）を素性基盤で捉え直すとき、当該の動詞移動を駆動する素性を欠く主要部は飛ばしてもよいと考える。同様の見解についてはEndo（2007）も参照されたい。なお、その観点から言えば、Fin から Force への動詞移動の際にも Foc と Top を飛ばしてよいことになる。

＊11 先行研究では、連用形には付帯状況の用法がない、あるいは、付帯よりも継起の意味が強まるという見解が大勢を占めているように思われる（例えば、日本語記述文法研究会（編）2008）。しかしながら、(i) のように、付帯の連用形は完全な正文を作る。

(i)　a.　私は下を向き黙っていた。
　　 b.　両手に荷物をかかえ電車に乗っていた。

＊12 使役は小動詞 v が語彙的に具現したもの、直接受身の「られ」は語彙的動詞 V 接辞、そして、間接受身の「られ」は小動詞 v 接辞と考える。詳しくは三原（2004）、三原・平岩（2006）を参照されたい。

＊13 文副詞は TP 内には収まり難いと思われる。例えば、条件の「と」は、「食べると /* 食べたと」のように「た」形を許容しないので、「食べる（と）」は不定形であるが、(i) のように、「と」節内に文副詞を含み得ない。

(i)　a.＊［残念ながら、合併吸収が成功しないと］本部長のクビが飛ぶ。
　　 b.＊［ひょっとして彼が来ないと］会議が平穏だ。

三原（2011a）では、文副詞を TP 領域に配置していたが、ここで謹んで修正したい。

　モダリティについては、「（食べ）そうだ / たい」のように連用形接続となるもの、「（食べる）と / べきだ / ことができる」のように不定形接続となるもの、そして、「（食べる / 食べた）らしい / かもしれない」のように定形接続となるものを区分する必要がある。このうち、定形接続となるものは、当然のことながら FinP 以上の節でなければその中に含み得ない。

　定形接続のモダリティは、定形テンスや断定（「だ / です」）と共に、叙述（predication）と密接に結び付く要素である。FinP が叙述に直接的に関わるという主張については Platzack and Rosengren（1998）も参照されたい。Platzack and Rosengren（1998）は、命令文を論じた箇所で、命令文の主語には talked-about 関係（～について述べる）が成立せず、talked-to 関係（～に対して語りかける）しか構成しないので、命令文主語は叙述を発動しないと論じている。

(ii)　a.　You helped me.（平叙文）→ 聞き手 = talked-about
　　　b.　You help me!（命令文）→ 聞き手 = talked-to

命令文における動詞が、日英語とも（あるいは他言語でも）定形テンス性を帯びないことに注意されたい。

第2章
連用形

1. はじめに

　連用形とは、語彙的動詞Vが小動詞v位置まで動詞移動し、Vにゼロ接辞（∅で表記する）が付いて顕現する活用形である。このとき、子音語根動詞では-iが現れるが、これは、緩衝母音であり、統語論には直接的な関係はない。

(1)　a.　母音語根動詞：tabe + ∅
　　　b.　子音語根動詞：ik-i + ∅

つまり、連用形とは、最短距離の動詞移動の結果現れる活用形である。連用形が「最小活用形」であるという認識は田川（2008）にも見られるが、南（1974, 1993）の階層構造の背後にあったのも、連用形は最も「小さい」活用形であるという直感だったように思う*1。

　本章では、まず、連用形節内に入る（入らない）要素という観点から、上記の直感を具体的な形で証明したい。その際に、付帯状況の「ながら」節（「ながら」に前接するのは連用形）、同じく付帯状況を表す、「ながら」を伴わない連用形節、継起の連用形節、そして並列の連用形節を取り上げる。次に、命令文について論じるが、本章で命令文を扱うのは、「命令形」という活用形は存在せず、命令文から「ろ/え」を除いた部分（子音語根動詞では-iを省いた部分）は連用形であるという認識に基づく。

(2)　a.　母音語根動詞：食べろ（tabe-ro）
　　　b.　子音語根動詞：行け（ik-e）

この検証の結果得られるのは、本章で扱うすべての連用形節は、vP部分（否定文ではNegP部分）を活性化する活用形であるという結論である。

2. 付帯状況の「ながら」節

　当節では付帯状況の「ながら」節を見る。南（1974, 1993）でA類とされている節である。検証の際に、節内に入る（入らない）要素を詳細に観察するので、まず、これらの要素を範疇ごとにもう一度整理しておこう。

　使役「させ」は小動詞 v の語彙的具現形であると考える（三原 2004）。受身の「られ」については、直接受身の「られ」は V 接辞、間接受身の「られ」は v 接辞であるとする（同上）。否定「ない/ず（に）」は Neg 要素である。副詞については、動詞句副詞は vP/VP 要素であるが、文副詞は FinP 要素である。そして、定形テンス・認識のモダリティも FinP 要素である。

　使役「させ」・受身「られ」については、問題なく「ながら」節に収まる。

(3) a. 私は心の中で自分に言い聞かせながら何をするべきか考えた。（使役）
　　b. 私は先生に叱られながら別のことを考えていた。（直接受身）
　　c. 私は雨に降られながら自分の行く末のことを考えた。（間接受身）

　次に、「ながら」節は否定辞を許容しないのだが、後に見るように、付帯状況の連用形節は、「なく」形は許容しないものの、「ず（に）」形なら許すので、否定の付帯状況節は NegP までを活性化していると考えたい。「ながら」節が否定辞を許容しないのは、付帯状況と否定が共鳴しないからだと思われるかもしれないが、付帯状況の連用形節はこれを許すので、「ながら」節の振る舞いに対して、今後、何らかの説明が与えられてしかるべきであろう。

(4) a. *雅子はコーヒーも飲まなくながら思いにふけった。
　　b. *雅子はコーヒーも飲まずながら思いにふけった。

また、「ながら」節は、当然ながら定形テンスは含まないが、そもそも「る/た」形にならないので、(5)の下線部は不定形でもあり得ない。

(5) ＊雅子はコーヒーを｛飲む/飲んだ｝ながら思いにふけった。

次に、動詞句副詞は可能であるが、文副詞は現れない。

(6) a. 哲也は菜穂子を厳しく追及しながら奇妙な快感を覚えていた。（動詞句副詞）
    b. ＊哲也は菜穂子を多分追求しながら奇妙な快感を覚えるのだろう。（文副詞）

そして、文副詞が現れないことに符合して、同じく FinP 要素となる認識のモダリティも不可能である。

(7) a. ＊直人は資料を調べらしくながら綿密にメモを取ったらしい。
    b. ＊直人は資料を調べかもしれなくながら綿密にメモを取ったのかもしれない。

南（1974: 119）は、場所の修飾語・時の修飾語は「ながら」節には収まり難いとしているが、(8a, b) に見るように、これらは可能であろう。これらの修飾語は動詞句要素なので、(6a) が可能である以上、「ながら」節内に収まるとする方が理論的にも整合性がある。そして実際、南（1993）では、(9a, b) のように「ながら」節が場所の修飾語を含む実例があったことが報告されている。

(8) a. ［太郎は［花子を駅前で待ちながら］タバコを吸った］。
    b. ［太郎は［花子を、昨日の２時頃、駅前で待ちながら］タバコを吸った］。
(9) a. （徹吉は）額に汗を滲ませながら（そのうしろを通り…）
    b. その中でじっとうずくまりながら（米国はひたすらにこう思った）（南 1993: 117）

ところで、「らしい」や「かもしれない」は、定形動詞に接続するモダリティなので、連用形となる「ながら」節内に入らないのは当然だと思えるかもしれない。しかし、「＊調べ｛らしく/かもしれなく｝」などが存在しないというのは、「記述」であって「説明」ではない。なぜ、その接続になるのかに関する「原理的説明」が必要なのである[*2]。

第 2 章　連用形　19

以上のことから、「ながら」節はvP部分を活性化する活用形であり、TPより上位の範疇は不活性となっていると結論付けられる。南（1974）では、主語は「ながら」節に入らないとされているが、これは、理論的な立ち位置に依拠する。生成文法の立場を取るとき、vPは動詞句内主語となるPROを持ち得るのである。また、南（1993）では、主語を許す「ながら」節の実例が示されている*3。

(10)　　　行雄が［vPPRO［VP空を見ながら］］ボーッとしている。
(11) a.　（前略）ひたすらに一途に、近ごろ涙もろくなって、思わず顔がゆがみそうになりながら。
　　 b.　同時に城木は、頭部と胸部を棍棒で殴りつけられたような打撃を受け、意識も霞みながらその場に昏倒した。
（南 1993: 119–120）

ただし、連用形節において、主語がvP内に留まり得ることについては、別途証明が必要である。この仕事はなかなかに困難であるが、少し試みてみたい。
　まず、文例を観察されたい。

(12) a.　6500万年前の隕石衝突で、哺乳類すべてが絶滅せず、{生き延びたものもあった/??次の期まで生き延びた}。
　　 b.　インドネシアでの大地震の際、震源地近くにある建物全部が崩壊せず、{被害を免れたものもあった/??被害はまったくなかった}。

(12a)において、「生き延びたものもあった」という表現は、前に来る「哺乳類すべてが絶滅せず」という表現が全文否定ではなく、部分否定解釈となっていることを示している。それに対して、「次の期まで生き延びた」という表現は、「哺乳類すべてが絶滅せず」が全文否定解釈となっていることを示している。すなわち（12a）において、否定辞の「（絶滅せ）ず」が、「哺乳類すべて」に作用域を及ぼしていることが分かる。（12b）も同じ論点を示す文例である。
　以上の事実は、NegP主要部にある「ず」が、vP指定部に残留している、量化子「すべて/全部」を含む主語をc統御することによって作用域を及ぼしていると考えるのが自然であろう。

ちなみに、同様の検証を終止形で行ってみると、「哺乳類すべて/建物全部」が否定辞に作用域を及ぼす解釈（全文否定解釈）が可能になることが分かる。

(13) a. 6500万年前の隕石衝突で、爬虫類がほぼすべて絶滅したのに対して、哺乳類すべてが絶滅しなかった。
　　 b. インドネシアでの大地震の際、その前年に耐震工事を行っていたため、震源地近くにある建物全部が崩壊しなかった。

ここで、「否定＞すべて/全部」解釈も可能であるが、これは、否定辞を含む終止形動詞が、主語より上に動詞移動することによる。

3. 付帯状況の連用形節

　次に、付帯状況の連用形節を見る。日本語記述文法研究会（編）(2008) では、連用形節には付帯状況の用法がない、あるいは、付帯状況より継起の意味が強まるとされているが、第1章の註11で述べたように、連用形節でも付帯状況は十分に可能である。また、連用形節でも、「ながら」節と同様に否定の「なく」形は無理だが、「ず（に）」形は許すので、否定文ではNegP領域までが活性化されていると考えたい*4。

(14) a. 私は心の中で自分に言い聞かせ何をするべきか考えた。（使役）
　　 b. 私は群衆に押し戻され壁際に立っていた。（直接受身）
　　 c. 私は雨に降られ自分の行く末のことを考えた。（間接受身）
　　 d. 雅子はコーヒーも飲まず思いにふけった。（否定、cf. *コーヒーも飲まなく）
　　 e. *雅子はコーヒーを｛飲む/飲んだ｝思いにふけった。（定形テンス）
　　 f. *直人はドアの隙間から覗き込みらしく部屋の中を窺ったらしい。（認識のモダリティ）
　　 g. *直人はドアの隙間から覗き込みかもしれなく部屋の中

を窺ったのかもしれない。(認識のモダリティ)
- h. 哲也は菜穂子を厳しく追及し(つつ)奇妙な快感を覚えていた。(動詞句副詞)
- i. *哲也は菜穂子を多分追求し(つつ)奇妙な快感を覚えるのだろう。(認識のモダリティ)

付帯状況の連用形節も、(否定を除き)同用法の「ながら」節と同じ振る舞いを見せることを確認されたい。

4. 継起の連用形節

同様の検証を継起の連用形節でも行っておこう。南(1974, 1993)でのB類要素である。継起には、ある事態が起こった後に別の事態が続く「時間的継起」と、ある事態が、その後に続く事態の原因・理由となる「起因的継起」がある。が、後者も、2つの事態の時間的連続関係は前者と同じであるし、両者で統語的振る舞いは変わらないので、以下では両者を区別せずに提示することにしよう。

(15)
- a. 私は弟にお土産を持たせ祖父の家に行かせた。(使役)
- b. 私は部下にせっつかれ部長のところに陳情に行った。(直接受身)
- c. 私は妻に泣かれ途方に暮れた。(間接受身)
- d. 雅子は朝食も食べずあたふたと出て行った。(否定、cf. *朝食も食べなく)
- e. *雅子は朝食を{食べる/食べた}急いで着替えをした。(定形テンス)
- f. *直人はまず博多に行きらしく、その後佐賀に行ったらしい。(認識のモダリティ)
- g. *直人はまず博多に行きかもしれなく、その後佐賀に行ったのかもしれない。(認識のモダリティ)
- h. 哲也は菜穂子を厳しく追及し辞任に追いやるだろう。(動詞句副詞)
- i. *哲也は菜穂子を多分追求し辞任に追いやるだろう。(文

副詞）

　継起の連用形節も、付帯状況の連用形節と同じ振る舞いを見せる。実は、本書で扱う連用形節は、意味用法の違いにかかわらず、次節で見る並列の連用形節を含め、すべて同じ統語的振る舞いを示すのである。

5．並列の連用形節

　並列の連用形節とは、前節と後節が同等の資格で併存しており、前後を入れ替えても〈知的〉同義であるものを指す。これまでと同じテスト枠で検証しておこう。

(16) a. 私は弟に風呂敷包みを持たせ、妹に手提鞄を持たせた。（使役）
　　 b. 私は部下に背かれ、部長にも叱責された。（直接受身）
　　 c. 私は妻に泣かれ、母にも泣かれ途方に暮れた。（間接受身）
　　 d. 息子は勉強もせず、本も読まない。（否定）
　　 e. *雅子はコーヒーを{飲む/飲んだ}、圭三は紅茶を飲んだ。（定形テンス）
　　 f. *直人は博多に行きらしく、信弥は佐賀に行くらしい。（認識のモダリティ）
　　 g. 哲也は菜穂子を厳しく追及し、義雄は局長に情報の公開を迫った。（動詞句副詞）
　　 h. *哲也は菜穂子を多分追求し、義雄は局長に情報の公開を迫るだろう。（文副詞）

　さて、南（1974, 1993）は、（連用形接続となる）「ながら」節や「つつ」節をA類とし、継続・並列の連用形節をB類とした。そして、用法名の付いていないC類の連用形節も設定していたことを想起されたい。第1章の（4）で挙げた一覧表を（17）として再掲しよう。

(17) a. A類：ながら、つつ、て（付帯状況）
　　 b. B類：て（継続・並列）、連用形（継続・並列）、ので、

のに、れば・たら・と・なら（条件）、ながら（逆接）、ず（に）・ないで（否定）
c. C類：が、から、けれど、て、連用形

そして、南の階層構造の背後にあった直感が、A類（最小）＜ B類（中間）＜ C類（最大）というものであったとすると、連用形節にも、その意味用法と連動して、「節サイズ」の異なる3種のタイプがあることになる。しかしながら、節内に入る（入らない）というテスト枠で検証した結果、すべての連用形節の振る舞いが同じであることが分かった。連用形節に収まる要素は、付帯状況・継起・並列で違いがないのである。

このことは、連用形節がvP部分（否定文ではNegP部分）を活性化している活用形であることを示している。まとめて示すと次のようになる。このうち、連用形節に入るのは網掛けをした要素であり、点線で示した要素は連用形節に収まらない。連用形とは、(19)での矢印のように動詞移動を行い、vまたはNeg位置で顕現する活用形なのである。

(18) 連用形節の活性領域

[ForceP [FinP 文副詞 [TP [NegP [vP PRO/主語 [VP 動詞句副詞 V られ（直接受身）] v させ・られ（間接受身）] ず]] 認識のモダリティ/る・た（定形テンス）]]

(19) [ForceP [TopP [FocP [FinP [TP [NegP [vP [VP ... V] v] Neg] T] Fin] Foc] Top] Force]

6. 命令文の形式

生成文法の枠組みによる命令文の研究は、英語に関しては1960年代から広く行われており、夥しい数の知見の蓄積が既にある*5。他方、日本語に関しては、管見によればHasegawa (2008)・長谷川（2010）を数えるのみであるが、これらの論考における長谷川の主な関心は音形を伴わない主語（PRO）にあり、その関連で、主語を音形化しないのが通常である命令文の分析を含めるという構成になっており、命令文に特化した論考ではない。一方、日本語学

の領域でも命令文の研究は驚くほど少なく、仁田（1991）、宮崎・安達・野田・高梨（2002）があるものの、これらは命令文の成立要件が主たる関心であり、構文論と言うより語用論に傾斜した論考である。

　本章では、以下、日本語命令文について論じるが、それは、基本的命令形式の「食べろ（tabe-ro）」「行け（ik-e）」から -ro/-e を省いた部分が、連用形だからである（子音語根動詞では、連用形から緩衝母音の -i も省く）。

　本章で扱う命令文は、肯定命令については（20a, b）の形式を取るものである。（20c–e）も命令の機能を果たし得るが、下で逐次述べる理由で考察から省く。

(20) 肯定命令文
　　　a.　まあ、これでも食べろ。（母音語根動詞連用形＋ろ）
　　　b.　すぐに伊丹空港に行け。（子音語根動詞連用形＋え）
　　　c.　さあ、食べな。/ さあ、起きな。（連用形＋な）
　　　d.　さっさとする。/ 早く乗った、乗った。（不定形）
　　　e.　お母さんと代わって。/ 助けて。（テ形）

（20c）は「食べなさい」「起きなさい」の省略形とも考えられるが（関西方言では「な」を省くことも可能）、「なさい」には「なさいませ」のような形もあり、待遇表現とも連接するので、本書ではとりあえず省いておく。（20d）は、命令文としては特殊例（仁田 1991）であり、終助詞を付加し難いとか、丁寧形にならないといった特徴がある。

(21) a. ??そこに座るね。
　　　b. *そこに座ります。

（宮崎・安達・野田・高梨 2002: 57）

そして（18e）は、「代わってちょうだい / ください / くれ」などの省略形であろうし、かつ、「～ちょうだい / ください」は命令文ではなく依頼文であろう*6。

　学校文法では、「食べろ」「行け」などを「命令形」としているが、既に述べたように、「ろ / え」に前接する部分を連用形とする方が経済的な記述である。では、この「ろ / え」は一体何なのだろうか。

第 2 章　連用形　　25

城田（1998: 48）は、「ろ/え」は語形の水準にはないとしているが、筆者の誤読でなければ、「ろ/え」に固有の意味を求めないという見解であろうと思われる。命令文とは、現在生じていない事態を話し手が聞き手に対する呼び掛けを通じて生じさせようとするものであるが、この語用論的機能に準拠して、命令文中に「ろ/え」が用いられるとき、命令文としての機能が発現する。「ろ/え」は、その意味において、命令文であることを示すために「たまたま」用いられる符牒に過ぎないと考えられる。命令機能が、命令文に限定されない語用論的機能であることは、(22a, b) 以外にも、(22c, d) などでも命令機能が発現し得ることからも分かる。

(22) a. 窓を開けろ。
　　 b. 窓を開けて。
　　 c. 暑いなあ。
　　 d. 窓！

さて、この「ろ/え」の句構造上での配置であるが、（肯定）命令文が利用するvP部分に付加した位置に生起するとしておこう。SUBJ（主語）を括弧で包んでいるのは、命令文では（動詞句内）主語が音形を取らない（すなわち、PROとなる）のが無標だが、「お前が行け」のように、音形を取る主語も可能であることを示している。(以下、煩雑さを避けるために、「ろ/え」を、下位のvPに含めた形で提示することもある。)

(23)

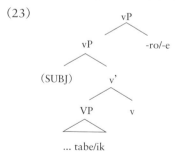

次に、否定命令文（禁止文）を見る。これについても、本書で扱うのは (24a, b) の形式を取るものに限定する。

(24) a. そんなもの食べるな。（母音語根動詞連用形 + runa

（tabe-runa））
   b. 危険な場所には行くな。（子音語根動詞連用形＋una
      (ik-una)）
   c. そんなことはしない。（不定形）
   d. 行かないで。（テ形）
ただ、（24a, b）については注記が必要である。
　伝統的には、「食べるな」「行くな」などは「現在形＋な（taberu-na/iku-na)」と分析されてきたが、肯定命令を構成する動詞が連用形であり、否定命令を構成する動詞が現在形（終止形）であるとするのは、首尾一貫した見方であるとは言えない。本書では、城田（1998：44）に依拠し、tabe-runa/ik-una（すなわち、連用形＋（r) una）のように分析する。城田は、-(r) una の意味については何も述べていないが、-ro/-e の場合と同様に、語形の水準にはないと言うであろう。つまり、否定命令であることを示す符牒であるということである。この -(r) una は、否定命令を構成する要素として、Neg 主要部にあると考えられよう。構造を示しておこう。

(25)

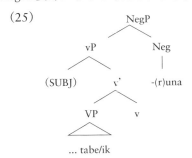

　次節では、まず、命令文に入る要素として、主語を巡る問題について論じることにしよう。

7．命令文と主語

　命令文では、（26a, b）のように主語が音形を取らないのが通常だが、音形を取るものも可能である。まず、文例を観察されたい。
　(26) a.　まあ、これでも食べろ。

第 2 章　連用形　　27

b. すぐに伊丹空港に行け。
c. お前がすぐに伊丹空港に行け。
d. 誰も動くな。
e. 誰か火を消せ。
f. お金を取ったヤツすぐ返せ。
g. そこの背の高いのしゃべるな。
h. そこの赤いボックスカー右に寄れ。
i. 山田歌え。
j. リー将軍、君の部下が橋を掛けろ。

　(26a, b) は、主語が音形を取らない PRO であるが、その指示対象は当然ながら 2 人称である。音形を取る主語としては、(26c) の 2 人称の他、(26d–f) の 3 人称不定表現、(26g, h) の 3 人称指示表現、(26i) の固有名詞などが可能である。(26d–i) の主語は、統語素性（形式素性）的には 3 人称なのであるが、いずれも「聞き手」であり、Bolinger (1967) の言う「Addressee」の概念で括ることができる。そして、Addressee の概念は語用論的なものなので、統語素性とは異なり素性照合を要するものではない（そもそも、Addressee は素性ではないであろう）。このことは、命令文には φ 素性（人称・数・性）に関わる T が存在する必要がないこと、すなわち、TP 範疇を利用する必要がないことを示している。

　他方 (26j) は、「君の部下」が Addressee ではないので、少し説明が必要である。Potsdam (1996) は、このタイプの命令文 (Potsdam の元例は英語) が言えるためには、呼び掛けられている対象（リー将軍）と、主語（君の部下）が Control Relationship になければならないと述べている。(26j) では、軍隊の指揮官と部下の兵士ということであるが、この関係の下に、「君の部下」が臨時に Addressee 扱いされていると言えよう。

　ところで、命令文における音形を取る主語が、確かに主語であるのか、それとも呼び掛けの対象である呼格（vocative）であるのかに関して、英語では、Thorne (1966) 以降、活発な議論が行われてきたので、日本語でも確認しておきたい*7。

　まず、(27) のように、日本語では呼格には「は/が」が付かな

いので、(26c)の「お前が」はそもそも呼格ではない。
　(27)＊お前｛は／が｝、すぐに伊丹空港に行け。(呼格としては非文)

次に、不定表現が呼格になることはないので、(26d–f)の下線部も呼格ではない。他方、(26g–i)の下線部は呼格にもなり得るのだが、その場合、「山田、歌え」のように、コンマで示す音声的なポーズが必須となる。他方、(26g–i)ではポーズは随意的であり、ポーズがないときは主語として機能することになる。さらに、呼格は直接呼び掛けられる場合のみ可能なので、Control Relationshipにある (26j) の「君の部下」が呼格になることはない（「リー将軍」は呼格）。

　ところで、命令文で3人称主語が可能なことは、仁田 (1991: 253) も指摘している。
　(28) a.　よそ者は出ていけ。
　　　 b.　何も知らない奴が口を出すな。
　　　 c.　まず言い出した者からやれ。

仁田は、Addresseeという言葉は使っていないが、「話し手の要求を当然聞いているはずの相手を、性格規定を施すことによって、三人称者的に捉えて表現したもの」(253頁、強調は筆者による) と正しく特徴付けている。

　音形を取る主語に関して重要なことは、(29a, b) のように「は」で標示される場合、純粋主題ではなく対照主題となること、そして、(30a, b) のように「が」で標示される場合、中立叙述ではなく総記になることである。(29c, d) (30c, d) の否定命令でも状況は同じである。
　(29) a.　お前は午後の便でNYに飛べ。
　　　 b.　その赤いボックスカーは右に寄れ。
　　　 c.　お前は午後の便で（は）NYに飛ぶな。
　　　 d.　その赤いボックスカーは右に（は）寄るな。
　(30) a.　お前が行け。
　　　 b.　課長が社長に進言しろ。
　　　 c.　お前が行くな。

d. 課長が社長に進言するな。

　総記解釈の「が」句は、後置詞「が」を伴うPPとしてTP付加位置に基底生成される（三原・平岩2006、三原2008）。とすれば、命令文の場合、vP付加位置に総記句が基底生成され、下位のvP内に主語として機能するPROがあると考えることが可能である。音形を有する主語がない場合は、もちろん付加構造は現れず、vP内に主語として機能するPROが生起するのである。

（31）

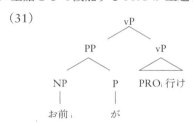

ここにおいて重要なことは、「お前」には後置詞「が」によって斜格が付与されるので、主格付与に関わるTPを欠く構造（すなわちvP構造）を仮定しても、格付与に関する問題が生じないということである。他方、(29)の「は」に関しては、対照解釈の「は」にとってTopPの介在は必須ではないことを想起されたい。

　しかしながら、「は」に関して、仁田（1991: 254）が指摘する(32)のデータは、扱いに慎重を要する。

（32）a. アメリカはベトナムから手を引け。
　　　b. 国鉄は労働者を不当に解雇するな。
　　　c. 貧乏人は麦飯を喰え。

第一に、これらは、発話現場にいない3人称の人間（の集合）を主語とするものであり、Addresseeの概念に合致しない。そして第二に、これらの「は」句には対照主題解釈が希薄である。例えば(32a)は、(33a)のようにしても正文であるが、典型的な対照主題を伴う「君は行け」の場合、「それから」以下が思い出しによる追加でない限り、(33b)は無理である。

（33）a. アメリカはベトナムから手を引け。それから、フランスも。
　　　b. *君はすぐに伊丹空港に行け。それから、太郎も。

(32)には、対照主題解釈の欠如と共に、他の命令文にはない特徴が見られる。(34a) のように、主語が音形を伴わない場合、(32c) とは異なり、「貧乏人」に対する命令文ではなく、眼前にいる Addressee に対する命令文となってしまう。通常の命令文では、(34b) のように、主語が音形を伴わない場合も、命令の対象となるのは音形を取る場合と同一人物である。

(34) a.　麦飯を喰え。
　　　b.　（お前が）行け。

(32) のタイプをどう扱うかはさらに慎重に検討したいが、(32) の下線部を、話し手が意識の中で想定する2人称と捉え、「は」句を義務的に音声化する必要がある命令文としておきたい。

　さて、命令文の統語的特徴をまとめておこう。

(35) a.　命令文の主語となる Addressee には φ 素性照合の必要がない。
　　　b.　命令文の音形を取る主語（総記句・対照主題句）には主格照合の必要がない。
　　　c.　命令文は「る/た」を取らないのでTPが関与しない。
　　　d.　命令文は定形テンスを取らないのでFinPが関与しない。
　　　e.　命令文には純粋主題が現れないのでTopPが関与しない。

(35a–e) は、肯定命令文がvP部分、否定命令がNegP部分を活性化していることを如実に物語っている[*8]。とすれば、命令文の主語は通常の主語とは生起位置を異にすることになる。これはvP指定部をおいて他にはないであろう[*9]。

　次節以下では、命令文に入る（入らない）要素の観点から、以上の結論をさらに補強したい。

8. 副詞

　副詞類については、動詞句副詞、話し手の判断を表す文副詞、及び、発話行為の副詞に分けて観察しよう。まず、動詞句副詞は問題なく命令文中に収まる。((36a–c) は様態の動詞句副詞、(36d–f) は時の動詞句副詞)。

(36) a. 早く着替えろ。
   b. 必ず勝て。
   c. もっと食べろ。
   d. 来年またうちに来い。
   e. 家を出るとき（は）鍵をかけろ。
   f. 明日の3時に会社に来い。

次に、話し手の判断を表す文副詞については、生起領域を正確に見極める必要があるため、念のため、価値判断の文副詞と真偽判断の文副詞に分けて観察することにしよう（文副詞の名称は中右1980による）。例えば、価値判断の「残念なことに」や真偽判断の「きっと」は、(37a, b) のように終止形節に生起し得るが、(37c, d) のように連体修飾節内にも生起可能なことから、連体形が利用するFinP領域要素と考えるのが自然である。従って、(37a, c) のように、FinPより下位にある否定（NegP要素）とも当然ながら親和性がある。

(37) a. 残念なことに、私は学生時代あまり勉強をしなかった。
   b. 彼がいたら、きっと我々は勝てる。
   c. ［残念なことに、大学に進学できなかった］室橋君
   d. ［今度もきっと来てくれる］ウルトラマン

ところが、不定形（例えば、条件を表す「と」節）は、これらの文副詞を許容しない。これは、不定形がTPを利用する活用形であるため、FinP要素と相容れないからだと考えられる。

(38) a. *［残念ながら、合併吸収が成功しないと］本部長のクビが飛ぶ。
   b. *［ひょっとして、彼が来ないと］会議が平穏だ。

以上の観察から、話し手の判断を表す文副詞がFinP領域に生起することが分かる。命令文がvP/NegP部分を利用しているとすれば、文副詞が命令文中に生起しないという予測が立つが、この予測は、(39)(40) に見るように正しい結果を導く。

(39) 価値判断の文副詞
   a. *運よく快速に乗れ。
   b. *残念ながら辞退しろ。

c. ＊あいにく立ち寄るな。
d. ＊嬉しいことに離婚するな。

(40) 真偽判断の文副詞

a. ＊きっと寄席に行け。
b. ＊もしかすると出場しろ。
c. ＊多分相談するな。
d. ＊恐らく引き受けるな。

最後に、発話行為の副詞を見ることにしよう。この副詞類は、聞き手の存在を前提として用いられるので、聞き手めあてのモダリティを含む、「完全な判断のパラダイム」を有する ForceP 要素とすることに異論はないものと思われる（「判断」については第3章で詳しく述べる）。これらが生じ得るのは終止形節のみである。

(41) 終止形（ForceP）

a. 桐生は、要するに、指揮者には向いていないということだ。
b. ついでながら、あまり彼女に関わらない方が良いのではありませんか。

(42) 連体形（FinP）

a. ＊[あの人が、ちなみに、目指しているバークレイ校] はボストンにあります。
b. ＊[恐れ入りますが、あなたが持ってこられた村正] は本物ではありません。

(43) 不定形（TP）

a. ＊[あなたが、率直に言って、記者会見に出ると] 我々は困るんです。
b. ＊[つまるところ、両大学が統合すると] 日本最大の国立大学になります。

(44) 連用形（vP）

a. ＊[右足を、正直に言えば、もう少し高く上げながら] 踊るべきだな。
b. ＊[秘密だが、次期のポストをチラつかせつつ] 彼を寝返らせた。

そして、確認するまでもないだろうが、発話行為の文副詞は、命令文にはいっさい生起しない。下記の文はいずれも、[[秘密の話だが、完全に撤退し］ろ］のように、文副詞が命令の作用域内に収まる解釈では非文である（[秘密の話だが]、[完全に撤退しろ]のように、命令文を発話する前段階で発話行為の文副詞を言うのは可能）。

(45) a. *<u>例えば</u>、ここに補助線を引け。
　　 b. *<u>秘密の話だが</u>、完全に撤退しろ。
　　 c. *<u>率直に言って</u>、その案は認めるな。
　　 d. *<u>ちなみに</u>、打ち合わせには出るな。

9. アスペクト要素

当節で扱うアスペクト要素は、「ている」「てしまう」「ておく」など、動詞のテ形に形式動詞の「いる」「しまう」「おく」が後続するものである*10。肯定命令文・否定命令文におけるこれらの要素の生起状況を観察しよう。

(46) a. しばらくグランドを<u>走っていろ</u>。
　　 b. 全部<u>食べてしまえ</u>。
　　 c. 今日中に<u>仕上げておけ</u>。
　　 d. そんなところで<u>休んでいるな</u>。
　　 e. 全部<u>食べてしまうな</u>。
　　 f. 途中で<u>ほったらかしておくな</u>。

上記のように、アスペクト要素は命令文中に生じるのだが、これらを含む文はどのような構造をしているのだろうか。

影山（1993）のテスト枠に準拠すると、これらのアスペクト要素を含む文は、動詞句の埋め込み構造をなすことが分かる。まず、動作持続の「ている」について調べてみよう。

(47) a. 土井さんが走っている。よく見ると、向こうの方で奥さんも<u>そうしている</u>。
　　 b. 田中先生は隣の部屋でお休み<u>になっている</u>。
　　 c. 最近この本はよく<u>読まれている</u>。　（鷲尾・三原 1997: 148）

例えば「走っている」は、動詞のテ形（走って）＋形式動詞（いる）という2つの部分からなるが、(47a)では、テ形の部分のみが「そうして」で置き換えられている。これはつまり、テ形と形式動詞が、(48)のように、2つの部分に分かれているということを示している*11。

(48) [$_{vP}$ [$_{vP}$ … [$_{V}$ 走って]] [$_{V}$ いる]]

この構造は、(47b, c)からも証明される。(47b)では、「休んでいる」における「休んで」の部分のみが尊敬化（お休みになって）の適用を受けており、(47c)では、「読んでいる」における「読んで」の部分のみが受動化（読まれて）の適用を受けている。

「てしまう」「ておく」の構造も、(48)における「いる」を、それぞれ「しまう」「おく」で置き換えたものである。「そうする」テストのみ見ておこう。

(49) a. 哲也が向こう岸まで渡った。お前たちも早く<u>そうしてしまえ</u>。
  b. 僕はこのままほったらかしておくから、君たちも<u>そうしておけ</u>。

まとめておこう。命令文には、vP/NegP要素は入り得るが、それより上位のTP/FinP/ForceP要素は入らない。よって、肯定命令文はvP部分を、否定命令文はNegP部分を活性化していると結論付けられるのである。

10. 作用域解釈

当節では、否定命令文中に生じる「だけ」句と、否定辞の作用域解釈を観察し、これが、前節までの議論で得られた命令文の構造と響き合うことを見る。しかし、以下の議論において、なぜ「だけ」句を用いるのかについて先に示しておきたい。

「だけ」は「限定」を表す取り立て詞である。そして、名詞表現に「だけ」が付くとき、（同一節中に否定表現などが存在しなければ）その表現全体は特定解釈となるのが通常である（(50c)の総称名詞句も特定表現の一種）。

(50) a. <u>ブラバンの生徒だけ</u>が来ていて、選手は誰もいなかった。(特定名詞句)
　　b. 目の前には<u>荒涼とした湿地だけ</u>が広がっていた。(特定名詞句)
　　c. <u>70歳以上の高齢者だけ</u>が利用可能と書いてある。(総称名詞句)
　　d. *今日はお金を<u>僅かだけ</u>持っている。(概数・不定量、cf. 今日はお金をほんの僅かしか持っていない)

　限定を表す取り立て表現には、他に「しか」「ばかり」「こそ」などがある。本章(以下)で、このうち「だけ」のみを用いるのは、この表現のみが、本書で扱っているすべての活用形において否定辞と作用域の相互作用を起こすからである。例えば「ばかり」は、「おかずばかり食べないで、ご飯もちゃんと食べなさい」のように、「て」形では「ない＞ばかり」解釈(食べるのはおかずだけではない)という作用域解釈が可能だが、終止形や連体形では、そもそも否定形が不可能である。

(51) a. *あいつは漫画ばかり読まない。(cf. あいつは漫画ばかり読む)
　　b. *漫画ばかり読まない首相というのも珍しい。(cf. 漫画ばかり読む首相と言うのも珍しい)

以上の配慮により、本書では以下、「だけ」句と否定辞の作用域について調べてみることにしたい。

　さて、「だけ」句が目的語位置にある文から始めよう。

(52) a. 明日の会議では結論だけを言うな。
　　b. 弘之だけに(は)相談するな。

例えば(52a)では、「審議の経過報告はしてもいいが、結論だけはまだ言うな」という、「だけ」が否定「な」より広い作用域を取る解釈(だけ＞否定解釈)と、「結論だけではなく、途中の説明もしろ」という、否定が「だけ」より広い作用域を取る解釈(否定＞だけ解釈)の双方があり得る。このうち、当節の議論にとって重要なのは、否定＞だけ解釈の方である。その理由を以下で述べる。

　例えば、「総務課」という語のイントネーションを考えてみよう。

共通語では「総務課」は平板型であり、「だけ」が付いた場合でも、声が高いまま続くパターンしかない。他方、関西方言では、「そうむか＝」という平板型と、「そうむ'か」（「'」はピッチの下がり目を示す）という有核アクセント型の双方があり得る。前者に「だけ」が付くと、「だけ」のピッチがHHで現れる。これを仮にA型としよう。一方、後者に「だけ」が付くと、「だ」がLになり、「け」がHになる。これをB型とする。

　A型は、主要部の「総務課」に「だけ（HH）」が接辞化しており、全体の範疇はNPであると考えられる。それに対して、「だけ（LH）」となる後者は、数量詞の「だけ」が主要部で、全体の範疇は数量詞句（QP）ではないかと思われる。

　そして、関西方言では、だけ＞否定解釈となる場合はA型で発音され、否定＞だけ解釈となる場合はB型で発音される。このことは、A型は特定名詞句であり、B型は、数量詞句であることに伴い、不定名詞句であることを示唆している。A型では、特定解釈を強制する表現を付置して「<u>横浜支社の</u>総務課だけ」「<u>あの例の</u>総務課だけ」などと言うことができるが、B型ではこの表現の落ち着きが極めて悪いことが、このことの傍証になると思われる。(53)でまとめておこう。

　(53) そうむかだけ
　　　a.　A型（HHHHHH）：[$_{NP}$ [総務課] [$_{Affix}$ だけ]]：特定名詞句
　　　b.　B型（HHHLLH）：[$_{QP}$ [総務課] [$_{Q}$ だけ]]：不定名詞句

ここで重要なことは、特定名詞句は、文中に否定辞が存在する場合でも作用域の相互作用が起こらないので、常に「だけ」句が広い作用域を取ることである[*12]。つまり、「だけ」句と否定辞の作用域を考えるとき、否定＞だけ解釈があり得るかどうかを検証すべきなのである。

　さて、本論に戻る。(52)を(54)として再掲しよう。
　(54) a.　明日の会議では結論だけを言うな。
　　　 b.　弘之だけに（は）相談するな。

(54a, b)で否定＞だけ解釈があり得ることは、本書で設定してきた(55)の構造と矛盾しない((SUBJ)は音形を取らない主語を示す)。
　(55)

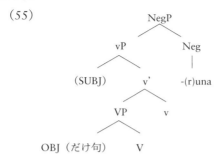

　日本語の否定辞は拘束形態素なので動詞と融合することによって(つまり、VがNeg位置に着地した時点で)、「だけ」句との作用域解釈がなされるとすれば(三原2012a)、目的語位置にある「だけ」句は、この位置からV-v-Negにc統御されることによって、否定＞だけ解釈を得ることになる。
　次に、「だけ」句が主語になる場合を見る。
　(56) a.　ブツの引き渡しにはお前だけが行くな。
　　　 b.　明日の会議では君だけがしゃべるな。
(56a)において、「お前だけでなく、子分も連れて行け」という否定＞だけ解釈が可能で、(56b)も同様である。再び(55)を見られたい(樹形図中の(SUBJ)を、音形を持つ主語「お前だけ」「君だけ」に替える)。ここで、V-v-Negの融合体が主語をc統御していることを確認いただきたい。

11. 第2章のまとめ

第2章では以下のことを論じた。
①連用形動詞を有する、付帯状況節・継起節・並列節において、動詞句副詞、直接受身・間接受身の「られ」、使役の「させ」、そして、否定文では「ず」が入り得るが、文副詞、認識のモダリティ、定形テンスは入り得ない。

②従って、連用形節で活性化されているのはvP（否定文ではNegP）領域であると結論付けられる。

③命令文に現れる動詞は、肯定命令の場合、母音語根動詞では連用形に「ろ」が、子音語根動詞では連用形に「え」が付いたものである。他方、否定命令の場合は、母音語根動詞では連用形に「るな」が、子音語根動詞では連用形に「うな」が付いたものである。つまり、命令形という活用形は存在しない。

④命令文には、（動詞句内）主語、動詞句副詞、アスペクト要素は入り得るが、文副詞、認識のモダリティ、定形テンス、純粋主題、発話行為の副詞は入り得ない。なお、本論でデータを提示しなかったが、受身・使役は当然ながら入り得る。

⑤肯定命令文の活性領域はvP、そして、否定命令文の活性領域はNegPである。

⑥⑤の結論は、「だけ」句と否定辞の作用域解釈の言語事実とも響き合う。

---

*1　本章の内容は、三原（2010, 2011a）及び三原・榎原（2012）に基づくが、幾つかの修正を加えた。

*2　また、「らしい」「かもしれない」は形容詞型活用をするが、(7a, b)が非文なのは、形容詞（あるいは状態表現一般）が付帯状況を表せないからではない。森田（1989: 843）の例から分かるように、状態表現であっても付帯状況を表すことは可能なのである。

(i)　a.　狭いながらも楽しいわが家。（イ形容詞）
　　 b.　劣勢ながらよくぞ頑張ったものだ。（ナ形容詞）
　　 c.　子供ながらあっぱれ。（名詞）

(ia-c)の「ながら」は逆接とされることが多いが、森田は、付帯状況（森田の用語では「同時進行」）になるか逆接になるかは、主節＋「ながら」節の意味の取り方によるとしている。なお、ついでに言えば、「太郎は事実に反することを述べた｛らしい/のかもしれない｝」のように、目的語の格標示が「を」となるので、動詞＋｛らしい/かもしれない｝が状態表現に変換されている訳ではない。

*3　このような例は田窪（1987）でも報告されている。ただ、非対格動詞の主語（田窪の用語では「対象主格」）に偏する傾向はあるようだ。

*4　「ない」の連用形には、く形（食べなく（て））、ず形（食べず）、ずに形

（食べずに）の3種がある。「ず（に）」については、城田（1998: 109–112）に詳しい意味記述がある。「ず（に）」は、NegP主要部を構成すると考えられる。

＊5　英語、その他の言語についての研究状況を俯瞰するには、Van der Wurff (ed.) (2007) が非常に便利である。特に、編者による100頁近いIntroductionは、命令文研究の概観を知るのに極めて有益である。

＊6　命令文と区別される依頼文の特徴、また、命令文と「雨、雨、降れ降れ」などの希望文との関連については、仁田（1991）、宮崎・安達・野田・高梨（2002）などを参照されたい。

＊7　英語における論争の過程を知るにはRupp (2003) が便利である。本論（26）の例は、Rupp (2003) を参考にして、日本語に置き換えたものである。

＊8　命令文は1つの文タイプであり、また、聞き手に対する働きかけを表すので、vP/NegPではなく、ForceP部分を活性化しているのではないかと考えるむきもあろう。しかし、既に述べたように、聞き手に対する命令機能は、(ia) の命令文でなくとも (ib, c) などでも果たし得るので、語用論的機能であると言える。

(i)　a.　窓を開けろ。
　　　b.　暑いなあ。
　　　c.　窓！

筆者としては、ForcePが決める「文タイプ」は、終止形述語を持つ節（平叙文や疑問文）に限定したいと考えている。

＊9　これも既に述べたが、そもそも命令文の主語は、平叙文や疑問文などの主語とは性質が異なると考えられる。

(i)　a.　You helped me.
　　　b.　You help me! (Rupp 2003: 62、初出はPlatzach and Rosengren 1998)

Platzack and Rosengren (1998) は、平叙文 (ia) での主語がan addressee talked aboutであるのに対して、命令文の主語はan addressee talked toであり、従って、「命令文に特有の」ImpNPであるとしている。彼らの理論では、それらについて語られる（talked about）もののみが叙述関係（predication）を構成し、話しかけられる（talked to）ものはこの関係を構成しないとされている。

＊10　「てある」もこの形式の典型なのだが、「てある」は、過去における何らかの処置の結果が残存することを表すので、未だ実現していない事態を引き起こそうとする命令文の意味とは整合しない。

(i)　a.　* 壇上に花瓶を飾ってあれ。
　　　b.　* 試合に備えて十分に走り込んであれ。

ただ、過去の事態に対する命令文があり得るかどうかは、別途考えるべき問題である。Bosque (1980: 415) は、(ii) のような命令文をRetrospective Imperativeと呼んでおり、Van der Wulff (2007) でも、過去の事態に対する命令文を有する言語が報告されている。

(ii)　*Spanish*
　　　Haber　venido ayer.
　　　have.INF come yesterday (You should have come yesterday)

日本語でも (iiia, b) などがこの類型に属すると思えるかもしれないが、私見では、命令文ではなく叱責や残念を表す文とする方がよいと思われる。

(iii) a.　もっと早く来い。
　　 b.　食事くらいしておけ。

つまり、命令文と同じ形態（連用形）を取りつつ、依頼や希望を表す文と同様、命令文のプロトタイプから除外するということである。

＊11 鷲尾・三原（1997）では、S（文）の埋め込み構造で示しているが、これは、この本が一般読者をも対象としているためであり、本書での構造化とは矛盾しない。

＊12 数量表現は、文中にある他の数量表現や否定などとは独立して解釈されることがあり、Hornstein（1984）及び May（1985）によって、それぞれ、interpretive independence、independent interpretation と称されている。この解釈を受ける数量表現は特定名詞句であると考えられる。なお、「ヒロミだけ」のように固有名詞に「だけ」が付く場合も、（関西方言では）2種のアクセントパターンがあり、「ヒロミだけが来なかった」において、このパターンの違いが2つの作用域解釈と連動している。

第3章
終止形と連体形
叙法断定を中心に

1. はじめに

　現代日本語では、いわゆるナ形容詞を除き、終止形と連体形が同じ形となる。このため、例えば寺村（1984）のように連体形を立てない研究者も多いが、奥田（1985a, b）や高橋（1994）のように、終止形とは別に連体形を立てる研究者もいる。この点において、日本語の体系的な参照文法を目指す日本語記述文法研究会（編）（2010）が連体形を認めていることは、筆者には象徴的なことに思える。「機能」と「意味」を子細に考えるとき、終止形と連体形は、相互に異なる活用形としての姿を明確に浮かび上がらせるからである。この二種の活用形は、さらに、例えば「ガ・ノ可変」といった「統語」面においても、異なる振る舞いを見せる。高所からこれらの活用形を見るとき、二種を区別しない方が、筆者にはむしろ不自然だと思えるのである。

　では、終止形と連体形は、どこが共通しどこが異なるのだろうか。このことについて、本章では、事態生起の蓋然性の観点から、終止形は強断定を示す活用形であり、連体形は弱断定を示す活用形であることを論じる。そして次章で、事態の時間軸上への位置付けの観点から、終止形と連体形の違いについて論じる。

　まず、本書で言う「断定（assertion）」の位置付けについて述べておこう。人間は、文を発話するとき様々な「判断（judgment）」を行うが、この判断には、事態生起の確実性を述べるものや、事態生起の不確実性を述べるものなどが含まれる。「太郎が来る」は前者であり、「太郎が来るそうだ」は後者である。後者では、「花子によれば、太郎が来るそう（なの）だが、僕は確認していない」などと言えるからである。

文献では、「判断」と「断定」に明確な区別が付けられないまま、両者を混在させる傾向も見られるが、この2つの概念は明確に区別すべきである。つまり、上で述べたように、断定には幾つかの段階があるが、それらの上位概念として判断があるとすべきである。活用形も組み入れて示しておこう。

(1) 判断（judgment）
 a. 強断定＝終止形
 b. 弱断定＝連体形　　　　テ形
 c. 非断定＝連用形　　　　不定形

　後ほど詳細に論じるように、終止形は完全な判断のパラダイムを有するという意味において強断定を示し、それに対して連体形は、判断のパラダイムの幾つかが欠けているという意味において弱断定を示す活用形である。連用形には断定が関わらないと考えられる。テ形と不定形は、連体形以下・連用形以上といった活用形であろう。
　そして、本書では、断定にも2つのタイプがあると考える。定義と共にまとめておこう。

(2) 断定（assertion）
 a. 叙法断定（modal assertion）
  事態生起の蓋然性についてのモーダル判断に関わる断定
 b. 時間断定（temporal assertion）
  事態を時間軸上に位置付けるテンス判断に関わる断定

本章では、終止形と連体形について叙法断定の観点から論じ、そして次章では、時間断定の観点から論じるが、その双方において、連体形が示す判断は終止形のそれより弱いことを論じることになる。

2. 判断確定性条件

　まず、連体修飾節内に入る要素から確認する。当節で見るのは、内の関係（寺村1984）に立つ連体修飾節、すなわち、英語の関係節に対応するものである。それぞれの要素が生起する位置、あるいは属する領域も合せて示しておこう。

(3) a. 院生にタバコを買いに行かせた教授（使役、v）
　　b. 筑波山で保護された登山者（直接受身、V接辞）
　　c. 奥さんに逃げられた友人（間接受身、v接辞）
　　d. 硬いものを食べない子供（否定、Neg）
　　e. 私が｛結婚する/結婚した｝相手（定形テンス、Fin）
　　f. 検事が厳しく追及したセクハラ事件（動詞句副詞、VP）
　　g. 検事が多分、厳しく追及する（であろう）セクハラ事件（文副詞、FinP）
　　h. 倒産するにちがいない会社（認識のモダリティ、FinP）

既に馴染み深いテストを適用してみると、FinPまでの要素は入り得ることが分かる。しかし、ForceP要素である聞き手めあてのモダリティは入ってこない。

(4) a. *検事が、ところで、厳しく追及したセクハラ事件（は新聞でも報道された）
　　b. *田中教授が、正直に言えば、助教で採用したがっている候補者（はかなり問題がある）

が、認識のモダリティに関しては、慎重な検討が必要である。モダリティによって許容度に差が出てくるからである。個々のモダリティの名称と共に示しておこう。

(5) a. *山田君自身が流しているような噂（証拠性の「ようだ」、cf. 流しているようだ）
　　b. *面白いそうな映画（伝聞の「そうだ」）
　　c. ?安藤が出場するらしいオリンピック（証拠性の「らしい」）
　　d. 犯人が立ち寄るかもしれない店（可能性存在の「かもしれない」）
　　e. 倒産するにちがいない会社（確信の「にちがいない」）
　　f. 子供が描いたような絵（比況の「ようだ」）

例えば(5a)では、話し手は「山田君自身がその噂を流しているようだ」と推測はしているが、その推測が確実かどうかは把握できていない。(5b)は他の人から聞いた話なので、話し手は、本当

第3章　終止形と連体形

にそうなのかどうかは掴めていない。それに対して（5e）では、確実な判断材料に基づいて、話し手はその会社の倒産を確信している。（5f）は、話し手の眼前にある絵を見て、子供が描いた絵のように未熟だと判断しているので、事態はまさに今起こっている。

　つまり、連体修飾節中には、事態の生起に対する話し手の判断の度合いに応じて、生じ得るモダリティと、生じ難いモダリティがあるということである。個々のモダリティについては、この後すぐ、詳細に検討を加えるが、まず、連体修飾節中への認識のモダリティの生起について、原則を提示しておこう。

(6) 判断確定性条件
　　　話し手が事態生起の確定性を完全には捉え切れていないことを表すモダリティ表現は連体修飾節中に生じ難い。

(5d–f) から分かるように、連体修飾節には認識のモダリティが収まる「構造」（スロット）はあるのだが、その生起には、判断確定性に関する「フィルター」がかかるということである。

　判断確定性条件には、実は「起源」がある。久野（1973）は、連体修飾節と主題文の関係について考察した結果、連体修飾節の主名詞になる容易度と、主題文の主題句になる容易度には相関関係があることを発見した。そして井上（1976）は、久野の発見を取り込んだ上で、Keenan and Comrie（1972）の接近可能性階層（Accessibility Hierarchy）をより精密化した「格の階層」を提案した（井上は「格の序列」と呼んでいる）。階層が上位の格ほど連体修飾節の主名詞・主題文の主題句になり易く、逆に、階層が下位の格ほどなり難いという訳である（(8)の文例は三原 1994: 228 による）。

(7) 格の階層（井上 1976 上巻：187）
　　　主格 > 直接目的格 > 間接目的格 > 位置格（ニ）> 位置格（ヲ）> 目標格（ニ・ヘ）> 位置格（デ）> 助格（デ）> 基準格（デ）> 奪格 > 所有格 > 起点格 > 随格 > 理由格 > 比較格

(8) a.　田中さんが買った本
　　b.　その本は、田中さんが買った。（直接目的格）

c.　園児たちが遊ぶ公園
　　d.　その公園は、園児たちが遊ぶ。(位置格デ)
　　e.　?さやかが学校に行く自転車
　　f.　?その自転車は、さやかが学校に行く。(助格デ)
　　g. ??大勢の代表団が来た国
　　h. ??その国は、大勢の代表団が来た。(起点格カラ)
　　i.　*課長が得意先を訪問した係長
　　j.　*その係長は、課長が得意先を訪問した。(随格ト)(cf. 課長は係長と得意先を訪問した)
　　k.　*ロッテリアがおいしいマクドナルド
　　l.　*マクドナルドは、ロッテリアがおいしい。(比較格ヨリ)(cf. ロッテリアはマクドナルドよりおいしい)

　連体修飾節と主題文が関連する原因は次のように考えられよう。まず、主題文には「判断」が関わる(Kuroda 1972)。次に、主題と連体修飾節の主名詞は格の階層において関連する。従って、連体修飾節(の主名詞)にも「判断」が関わる。つまり、連体修飾節とは、その主名詞に対して節内述語が判断を下す構造をなしているということである。そしてこのとき、判断確定性条件が課されるということは、連体修飾節が、終止形節のような完全な判断のパラダイムを有していないこと、すなわち、弱断定を示す構造であることを如実に示しているのである。

3. 認識のモダリティ

　生成文法理論は、文の骨格(命題)部分から研究が始まったという歴史があり、モダリティ研究は甚だしく遅れていた。Chomsky 自身の論考で見ても、Chomsky (1957) の当初から、モダリティの下位タイプが句構造で示されていない。英語では、John may come のように、法助動詞がすべて不定形(infinitive、あるいは root)に接続するので、モダリティの下位タイプを区別するという考えは、Chomsky の念頭にはなかったのかもしれない*1。他方、モダリティが極めて美しい体系をなす日本語では、モダリティ研究

がもっと早いうちに花開いても良かった筈だが、残念なことに、そうはなってこなかった。TP（当時はS）の上にMP（Modality Phrase）を設定する分析などもあるにはあったのだが、日本語における多種多様なモダリティを、M主要部に押し込めることで解決される問題が多いとは思えなかった。

当節では、連体修飾節との関連において、認識のモダリティについて詳しく見ることにする。その前に、既に何度か見てきたことではあるが、モダリティが句構造上に配置される階層について、再度まとめておこう。

(9) モダリティの階層
 a. ForcePモダリティ：だろう
 b. FinPモダリティ：そうだ（伝聞）/らしい/ようだ/かもしれない/はずだ…（定形接続）
 c. TPモダリティ：といい/べきだ/ものだ（不定形接続）
 d. vPモダリティ：（～し）そうだ（予想・予感）（連用形接続）

まず、証拠性のモダリティから見る*2。証拠に基づく推定を表す「ようだ」は連体修飾節には全く馴染まない。

(10) a. *少し疲れたような子（cf. この子は少し疲れたようだ）
  b. *どうやら若い男性にも人気が高いようなパフェ（cf. パフェの人気が高いようだ）

ただ、外の関係（寺村1984）に立つ連体修飾節は「ようだ」を許す。外の関係とは、節内に空所（gap）を持たない連体修飾節、つまり、英語の同格節に対応するものである。

(11) a. 少し疲れたような感じ（がする）
  b. どうやら若い男性にもパフェの人気が高いような印象（を受ける）

内の関係の場合、主題として機能する主名詞について何らかの特徴付けを述べるもので（久野1973、三原1994）、既に述べたように、主題文と同様に話し手による判断が関与し、判断確定性条件の適用を受ける。他方、外の関係の場合、主名詞に対する特徴付けを表すものではない。そして、連体修飾節内に空所がない「完全文」であ

り、外の関係に立つ連体修飾節は、いわば、主節に準じる従属度を有している（従属度が低い）と言えよう。外の関係が主節に近似することは、節内に純粋主題を含み得ることからも分かる。

(12) a. シェイクスピアは天才だったという共通認識（を基にして…）
 b. 石見銀山は世界遺産だということ（は知っているでしょう？）

他者の情報・意見・判断（つまり話し手自身の判断ではない）を表す伝聞の「そうだ」も連体修飾節内に収まらない。

(13) a. ＊評論家によれば面白いそうな映画
 b. ＊田中に言わせると、性格がいいそうな人

「らしい」については、話し手によって文法性判断に揺れがあるが、筆者の判断、及び、大阪大学院生を対象に筆者が行ったインフォーマント調査では、「？」程度と判断する話し手が多かった。

(14) a. ？大学には来ているらしい先生
 b. ？専門家の判断によると、徐々に回復するらしい景気

「らしい」は、例えば、議長が会場を見渡して「反対意見がないようですので…」とに言えるが、「＊反対意見がないらしいので…」とは言えないことから分かるように、直接的に経験したことに対しては用い難い。つまり、間接的経験に偏しているという意味において、「未確定」に近似するモダリティであると言えよう。

次に、現在の状況を観察し、現在の状態や今後の見通しについて述べる、予想・予感の「（〜し）そうだ」に関しては、些かの議論が必要なように思える。まず、事実としては、連体修飾節内に収まる。

(15) a. 雪になりそうな空模様
 b. すぐに潰れそうな店

しかしながら、「（〜し）そうだ」は、容易に疑問文になるとか、否定形を持つなど、他の認識のモダリティとは異なった振る舞いを見せる＊3。

(16) a. どう？　うまくいきそう（か）？
 b. 山本君は元気そうですか？

第3章　終止形と連体形　　49

(日本語記述文法研究会（編）2003: 171)

(17) a. 雨はまだやみそうにない。
　　 b. あの選手はさほど強そうではない。（同上）

　以上のことを勘案すると、「（〜し）そうだ」は、証拠性のモダリティから逸脱する方向性を有しており、認識のモダリティから除外した方がよいように思う。元来、「比況」という名称で呼ばれてきたことや、認識のモダリティのうちで唯一連用形接続になることも、認識のモダリティとして一括することをためらわせる要因である。
　さて次に、蓋然性のモダリティのうち「かもしれない」は、一見、判断確定性が低いように思えよう。しかし、他のモダリティとは異なり、「犯人が立ち寄るかもしれない店」のように、連体修飾節中に平気で生起する。が、「かもしれない」は、可能性の存在が「50％ある」と断定する形式であり、その意味において、可能性存在に関する判断は「確定」しているのである。キャンセル文脈を後続させた文の容認性の違いを観察されたい。

(18) a. *台風が上陸する｛らしいし/そうだし/ようだし｝、上陸しない｛らしい/そうだ/ようだ｝。
　　 b. 台風が上陸するかもしれないし、上陸しないかもしれない。

　他の蓋然性モダリティについては、判断確定性が高いことは自明であると思われるので、一例ずつ挙げるに留めよう。

(19) a. 遅かれ早かれ倒産するにちがいない会社
　　 b. もう届いているはずの荷物

　最後に、推量のモダリティ「だろう」については、想像や思考によって間接的に事態の成立を主張するものなので、判断確定性は低いと言える。そのことにより、連体修飾節中での落ち着きは極めて悪い。念のため、2つの用法に分けて観察しておこう。

(20) 推量用法
　　 a. ??君はまだ知らないだろう案件
　　 b. ??今頃は香港の上空を飛んでいるだろう佐藤君
　　 断定回避用法
　　 c. ??ほぼ成功だったと言えるだろう品評会

　　　　d. ??もっとも語学を勉強するだろう文学部の学生

大島（2010）は、連体修飾節中の「だろう」を容認しているが、森山（1989）は「??」としており、奥津（1974）も、「日本語として馴染まない」としている*4。

　ただ、「だろう」は、話し手の主観的判断を表すにもかかわらず、(21a)のように疑問形を持ち、かつ、必ずしも聞き手に情報を要求していない。従って、(21d)でのBの話し手の答えに不自然さはない。

　(21) a.　彼は来るだろうか？
　　　 b.　*彼は来るらしいか？
　　　 c.　*彼は来るかもしれないか？
　　　 d.　A: 今何時だろう？
　　　　　 B: そうだね、今何時だろう。（森山 1992: 65, 72）

森山は、「だろう」は、主観的判断に未だ至り着いていないことを表す形式（森山は「判断形成過程中にある」という表現を用いている）であり、従って、結論に至ろうとする判断を聞き手にも提示し、聞き手の意見を求めることが可能だとしている。卓見であろう。

　疑問文が1つの文タイプであること、従って、ForceP現象であることを今一度想起されたい。また、「だろう」には過去形がなく、「*だろうた」が言えないが、「発話時における話者の心的態度」（中右1980）と定義される（真正）モダリティの本筋からすれば、「だろう」は最も純粋なモダリティ表現だと言えるだろう。そのような配慮から、本書では、「だろう」をFinPモダリティから除外し、ForcePモダリティとしておきたい。

　当節の最後に、不定形接続となるTPモダリティと連体修飾節の関連について述べておこう。ここで取り上げるのは、評価のモダリティのうち「必要」を表す、次のようなものである。

　(22) a.　ゆっくり休むといい。（*休んだといい）
　　　 b.　先生と相談するべきだ。（*相談したべきだ）
　　　 c.　親の言うことは聞くものだ。（*聞いたものだ）

これらのモダリティは、(23)のように、連体修飾節には収まらないのだが、これは、聞き手めあてのモダリティなので、そもそも内

の関係の連体修飾節には入り得ないのである(仁田1991)。

(23) a. *ゆっくり休むといい休日
    b. *先生と相談するべき問題
    c. *黙って聞くものの親の言うこと

ただ、(23a, c) に比して、(23b) の容認度が高いと判断する話し手もいたが、これは、「相談すべき」が言えることからの類推のように思う。としても、逆に、「相談すべき」がなぜ言えるのかという問題が残るが、漢語サ変動詞のみに見られる特殊現象なのかもしれない。

さて、本章での議論をまとめておこう。

(24) 連体修飾節と認識のモダリティ

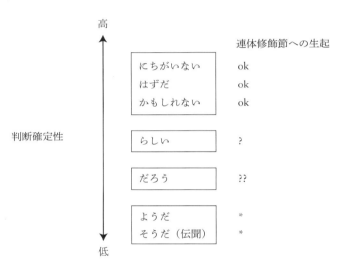

4. 文副詞

前節で得られた結論を、文副詞 (FinP要素) のデータで補強したい。参考まで、(27)(28) で、連用形節の振る舞いも合わせて見ておこう。

(25) 連体修飾節
    a. [残念なことに、希望する大学に進学できなかった] 室

　　　　橋君
　　b．［今度もきっと来てくれる］ウルトラマン
(26)　連用形節
　　a．＊小僧が［姉らしき娘と編み笠を、妙なことに、売りながら］座っていた。
　　b．＊土地勘のある犯人が［何度もタクシーを、多分、乗り換えながら］逃走したのでしょう。

　他方、ForceP要素と考えられる発話行為の文副詞は、連用形節のみならず、連体形節にも収まらない。
(27)　連体修飾節
　　a．＊［あの人が、ちなみに、目指しているバークレイ校］はボストンにあります。
　　b．＊［恐れ入りますが、あなたが持ってこられた村正］は本物ではありません。
(28)　連用形節
　　a．＊［右足を、正直に言えば、もう少し高く上げながら］踊るべきだな。
　　b．＊［秘密だが、次期ポストをチラつかせつつ］彼を寝返らせた。

5．ガ・ノ可変

　終止形と連体形は、ガ・ノ可変という、統語現象においても差異を見せる。伝統的には、ガ・ノ可変は(29a, b)のような名詞修飾節において起こると言われてきたが、Watanabe (1996) は、名詞修飾節とならない比較削除（comparative deletion）構文の(29c)でも起こることを正しく指摘した。
(29) a．［田中先生｛が／の｝お書きになった］本
　　b．［あのタレント｛が／の｝傲慢な］こと（は有名だ）
　　c．ジョンは［メアリ｛が／の｝読んだより］たくさんの本を読んだ。　　　　　　((29c)のみ Watanabe 1996: 394)
　そしてHiraiwa (2001) は、渡辺の観察をさらに敷衍し、名詞修

飾構造を取らない次のような節でもガ・ノ可変が可能であるという、極めて重要な指摘を行ったのだった。下記は、下線部を従属節の主要部とする構造を取るが、これらが名詞相当の存在でないことは明らかであろう。三原・平岩（2006 第 12 章）の例も挙げておこう（この章を書いたのは平岩である）。

(30) a. ジョンは［雨 {が/の} やむ<u>まで</u>］オフィスにいた。
　　b. ［僕 {が/の} 思う<u>に</u>］ジョンはメアリが好きにちがいない。
　　c. ［先月、一回電話 {が/の} あった<u>きり</u>］ジョンから何も連絡がない。
　　d. この辺りは［日 {が/の} 暮れる<u>につれて</u>］冷え込んでくる。
　　e. ジョンは［時 {が/の} 経つ<u>とともに</u>］メアリのことを忘れていった。
　　f. ［ジョン {が/の} 来ると来ない<u>と</u>］では大違いだ。

(Hiraiwa 2001: 78–80)

　　g. ［君 {が/の} 好きな<u>だけ</u>］食べていいよ。
　　h. ［先週も近所で強盗事件 {が/の} あった<u>ばかり</u>］だが、今日もまたコンビニが襲われたらしい。
　　i. 当然、［雨 {が/の} 降れば降る<u>程</u>］地盤が緩む。
　　j. 花子は［僕 {が/の} 想像する<u>以上に</u>］綺麗だった。

(三原・平岩 2006: 320)

なお、現代語の動詞では、終止形と連体形が同じ形となるが、いわゆるナ形容詞では、「だ/です」語尾を取る終止形とは異なり、連体形が「な」語尾となる。(31a, b) で、念のため、連体修飾節（関係節と同格節）の例も挙げておく。

(31) a. 僕が好き<u>な</u>女性
　　b. 田中先生が温厚<u>な</u>理由
　　c. ジョンのことが心配<u>な</u>よりも、メアリが心配だ。
　　d. ジョンは異常<u>な</u>までに神経質だ。

((31c, d) は Hiraiwa 2001: 83)

　　e. 花子はみんなより元気<u>な</u>だけ、学校でも目立った。

  f. 花子は綺麗なばかりか、とても聡明でもある。
  g. 子供は元気であれば元気な程よい。
  h. 花子は容姿が綺麗な以上に心も美しい。
((31e–h) は三原・平岩 2006: 322)

　以上の観察に基づき、平岩は、「ガ・ノ可変は連体形が認可する」という一般化を導いている。名詞修飾節における述語は連体形を取るが、従来の見解は、連体形を取る節の部分集合のみを見ていたということになろう*5。

　さて、ガ・ノ可変は、もう1つ重要な問題を提起する。それは、ガ・ノ可変が起こる節は「名詞的」であるという事実である。例えば (32a) では、「花子 {が/の} 読んだ (より)」の部分を「それ」で置き換えているので、ガ・ノ可変の適用される比較削除節が名詞的であることになる。例文末の括弧内に、「それ」(あるいは「どれ」) で置き換えられている部分を示しておこう。

(32) a. 太郎はそれよりもたくさんの本を読んだ。(花子 {が/の} 読んだ)
  b. 太郎はそれまでオフィスにいた。(雨 {が/の} やむ)
  c. どれだけ食べてもいいよ。(君 {が/の} 好きな)
  d. それきり、花子から何も連絡がない。(先月一回電話 {が/の} あった)
(三原・平岩 2006: 321)

　この事実は、連体形が、それを含む節を「名詞化」させる ([+N] 素性を付与する) 機能を有していることを示唆している。このことは幾つかの言語事実によって補強される。まず、古典語では、補文標識を用いずに、連体形が補文を構成する「準体句」という現象があった。現代語では形式名詞「の」が必要とされる構造である ((33) は金水 1995 の情報による)。

(33) a. [友の遠方より来る] をよろこぶ
  b. [天の河のほとりに至る] を題にて、歌よみてさかづきはさせ

また、汎言語的に見ても、名詞化された節の動詞が Nominalizer (NML) 標示を受ける言語がある (下記は Lefebvre and Muysken 1988 が報告している Cusco Quechua の例)。

（34）　runa-q　　　qulqui-∅　　qu-sqa-n　　warmi-man
　　　　man-GEN　money-(ACC)　give-NML-3　woman-to
　　　　'the woman to whom the man gave the money'

ひとことで言えば、連体形節は終止形節より名詞性が高い、すなわち、連体形は終止形より「動詞らしさ」を失った活用形であると言えよう。次章でこのことをさらに敷衍したい。

6．第3章のまとめ

第3章では次のことを論じた。
①文の発話に関わる「判断」には、終止形が有する強断定、連体形の示す弱断定、そして、連用形に内在する非断定の下位区分がある。テ形と不定形は、弱断定と非断定の中間あたりに位置するであろう（テ形と不定形については本書の第5章と第6章で詳しく論じる）。
②「断定」には、事態生起の蓋然性についてのモーダル判断に関わる叙法断定と、事態を時間軸上に位置付けるテンス判断に関わる時間断定の区分がある。本章では、このうち叙法断定について論じた。
③連体形節は定形テンスを含み得るので、FinP領域を活性化している活用形であると言える。このことは、FinP要素である、文副詞と認識のモダリティが生起可能なことから証明される。
④ただし、連体修飾節には、話し手が事態生起の確定性を完全には捉え切れていないことを表すモダリティ表現は生じ難いという、「判断確定性条件」のフィルターが課される。
⑤連体形は、ガ・ノ可変を認可するという統語的側面においても、これを認可しない終止形と異なる。
⑥連体形は、それを含む節を「名詞化」させる（[＋N]素性を付与する）機能を持つ。すなわち、連体形は、終止形より「動詞らしさ」を失った活用形であると言える。

*1　もちろん、Jackendoff（1972, 1977）の非常に優れた研究を初めとして、Akmajian, Steele, and Wasow（1979）などのような、現在でも価値を失っていない研究もなされてきたのだが、生成文法理論において、モダリティ研究が決して主流でなかったことは認めなければならない。

*2　認識のモダリティの分類については、日本語記述文法研究会（編）（2003）に従う。
(i)　a.　断定・推量：だ/だろう
　　 b.　蓋然性：かもしれない/にちがいない/はずだ
　　 c.　証拠性：ようだ/みたいだ/らしい/（し）そうだ/（する）そうだ/という/ということだ/とのことだ

*3　認識のモダリティは否定にならないのが普通である。
(i)　a.　*来るようでない
　　 b.　*来るらしくない

なお、「君らしくない」に言えるが、この「らしい」は認識のモダリティではない。疑問文については、井伏鱒二の『山椒魚』に、「もうだめなようか？」という例が見られるが、筆者の感覚からすると、現代語としては容認性が低いように感じられる。本論での「だろう」の議論も参照されたい。

　さらに、「おいしそうに（食べる）」のように、「形容詞＋そうに」の形は様態副詞のように機能するが、これも判断確定性と連動する現象のように思える。様態副詞は、「早く走る」のように、ある動作に対して「早い」という判断が確定した状況を描写するからである。

*4　(20a–d) は、「だろう」ではなく「であろう」にすると突然容認されるようになる（三原 1995）。このことについては、宮田（1948: 100–102）に「「である」には連体用法があるが、「だ」にはない」という、興味深い記述がある。「外国人である先生」と「*外国人だ先生」（「外国人の先生」は可能）のペアを観察されたい。

　いま仮に、「だろう」を da-roo と分解したとしよう。「であろう」は de-ar-oo となる。とすると、「だろう」には連体用法のない「だ」が含まれ、「であろう」には連体用法のある「である」が含まれるのである。

*5　連体形がどのようにガ・ノ可変を認可するかという、平岩の理論的分析は本書では深入りしないが、簡潔に概要のみ述べれば、V＋T（テンス）がC（補文標識）と融合することにより、連体形の認可が可能になるというものである（C-T 理論）。平岩は、「という」のない連体形節ではガ・ノ可変が可能だが、「という」のある連体形節ではこれが不可能なことから、V＋T＋Cの融合こそが重要であるとしている（補文標識阻止効果）。C位置に音形を有する「という」があると、V＋T＋Cの融合体が形成されないからである。
(i)　a.　気象庁は十年以内に大地震 {が/の} 起きる可能性を示唆した。
　　 b.　*気象庁は十年以内に大地震 {が/*の} 起きるという可能性を示唆した。
　　　　　　　　　　　　　　　　　　　　　　　　　（三原・平岩 2006: 327）

　ところで、大島（2010）は、平岩の分析に反論し、ガ・ノ可変はやはり名詞修飾構文で起こるとしている（ただし、大島が引いているのは、Hiraiwa 2001

ではなく、『日本語・日本文化研究』Vol.8（大阪外国語大学）に掲載された Hiraiwa論文である）。大島は、(ii)における「の」は、Hiraiwa (1998) の判断とは逆に不自然（「??」程度）であり、許容度を高めるには、(iii) のように形式名詞の「の」を挿入する必要があると述べている。

(ii) a. 値段 {が / の} 上がるにつれて、売れ行きも落ちる。
　　 b. 雨 {が / の} 降り出すと同時に、雷も鳴り始めた。
　　 c. 新社長 {が / の} 就任するにともない、社屋が改装された。

(大島 2010: 66)

(iii) a. 雨 {が / の} 降り出すのと同時に、雷も鳴り始めた。
　　 b. 新社長 {が / の} 就任するのにともない、社屋が改装された。（同上）

しかし、筆者の判断では、(iia–c) での「の」は完全に文法的であり、また、形式名詞の「の」を入れた方が文体的に落ち着くのは確かだが、文法性に変化はないように思う。

第4章
終止形と連体形
時間断定を中心に

1. はじめに

　本章では、テンスの視座から、終止形と連体形の相違点について考察する。まず、定形テンス（finite tense）の基本的な機能を確認することから始めよう。
　日本語の定形テンスは、「食べる」・「食べた」のように、「る」（非過去形）・「た」（過去形）という形で現れる（子音語根動詞では様々な音便現象が付随する）。定形テンスの基本的機能は次の3点に存する。

(A) 事態を時間軸上に位置付ける。（過去領域と非過去領域、Declercke 1991）
(B) それに際して時間断定を行う。
(C) 時間断定には発話意図が関わり、未来の事態でも時間断定を行い得る。

時間断定の定義は、次の（1）であった。

(1) 時間断定（temporal assertion）
　　　事態を時間軸上に位置付けるテンス判断に関わる断定

時間断定は、（2a）のように未来の事態でも行い得る。これは、英語の近接未来の進行形（2b）で起こっていることと類似する。話し手が、確実に起こると確信することは、未来の事態であっても現在進行形で表現できるのである。

(2) a. （時刻表を見ながら）汽車は3時30分に発車する。
　　b. Next they're playing the Schubert Octet.

((2b) のみ Leech 1971: 62)

　さて、定形性の根幹は、意味概念である断定にあると考える（意味的定形性（semantic finiteness））*1。意味的定形性は（3）のよ

59

うな機構で構造上に反映される。

(3)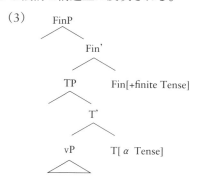

Tが決めるのは「る」・「た」という不定形であり、従って、Tのテンス素性値は未指定である（αと表記する）。この未指定のテンス素性は、投射を介してT'/TPに浸透し、TP全体が未指定のテンス値を得ることになる。一方、Finには定形テンスの素性指定があり、これも、投射を介してFin'/FinPに受け継がれ、最終的にFinP全体が定形テンスの指定を受ける。これを節的定形性（clausal finiteness）と呼んでおこう。

　主要部が有する特性が、同一投射をなす範疇に継承されるというのは、生成文法の基本的な捉え方である。定形性は、様々な統語現象と関連するので、定形性を節全体で捉えようとする方向性は、正しいと思われる。例えば英語では、定形節には音形を持つ主語が現れるのに対して、非定形節（不定詞節と動名詞節）にはPRO主語が現れる。また、定形節は補文標識としてthatを選ぶが、非定形節はforを選ぶ。意味的定形性と節的定形性は、恐らく、汎言語的に成り立つ普遍的なものであろう。それに対して、定形性が動詞形態に反映されるかどうかは個別言語により異なる（形態的定形性（morphological finiteness））*2。

　まとめると次のようになる。
(4) a.　意味的定形性（定形性の根幹：普遍的）
　　 b.　節的定形性（構造上への反映：普遍的）
　　 c.　形態的定形性（動詞形態への反映：個別言語的）
さて、全体像を大まかに示したが、以下本章では、主として時間

断定の観点から、終止形と連体形は、何が共通し、何が異なるのかを探求することにしよう。

2. 投錨

事態を時間軸上に位置付けるとき、その事態の生起時点を計算する基準時が必要となる。このとき、事態がその基準時に「投錨（anchor）される」という言い方をする。独立文・主節の場合、基準時は基本的に発話時（speech time、以下 ST と略記）であり、このようにして決定されるテンスを絶対時制（absolute tense）と言う。下記（5a）の事態は ST 以前の過去時領域に配置され、（5b, c）は ST（と同時か）以降の非過去時領域に配置される。

(5) a.　太郎が家に来た。
　　 b.　太郎が家に来る。
　　 c.　太郎が家にいる。

他方、従属節の場合、主節時（main clause time、以下 MC と略記）が基準時となる相対時制（relative tense）と、発話時が基準時となる絶対時制の 2 種があり得る（主節事態は ST に対して投錨される）。図式化すると（6）のようになる。

(6) a.　　　──→ MC ──→ ST（相対時制）
　　 b.　　　──────→ ST（絶対時制）

基準時が主節時になるか、発話時になるかは、視点の原理（三原 1992）によって決定される。

(7) 視点の原理（Tense Perspective）
　　 a.　主節・従属節時制形式が同一時制形式の組み合わせとなる時、従属節時制形式は発話時視点によって決定される。
　　 b.　主節・従属節時制形式が異なる時制形式の組み合わせとなる時、従属節時制は主節時視点によって決定される。

次の文を見られたい[*3]。

(8) a.　福井交通の運転手が［越前海岸で保護された女性］を

　　　　そこまで車に乗せて行った（らしい）。
　　　　MC ＜ SC ＜ ST
　　b.　［英語の試験がトップだった人］を採用しよう。
　　　　SC* ＜ ST ＜ SC* ＜ MC
(9) a.　ウイーンフィルは［主任指揮者が明日付で解雇されると］明後日公式発表する（ようです）。
　　　　ST ＜ SC ＜ MC
　　b.　山田君は［ストーンズが来日すると］言った。
　　　　MC ＜ SC* ＜ ST ＜ SC*

(8a) は従属節・主節とも「た」形となっており、事態の生起は、まず主節事態が起こり、次に従属節事態が起こり、その後に発話時が続くという順序関係になっている（MC＜SC＜ST と表記する、SC は subordinate clause time を示す）。ここで、従属節テンス形式が主節時視点で決まっているとすると、主節時以降なので「る」形になる筈である。しかし、実際には「た」形になっている。これは、従属節テンスが発話時視点で決まっていることを、如実に物語っている（視点となる基準時を□で囲んで示す）。一方 (9a) は、従属節・主節とも「る」形となっており、事態の生起は、発話時の後でまず従属節事態が起こり、そしてその後で主節事態が起こるという順序関係になっている。ここにおいて、従属節テンス形式が主節時視点で決まっているとすると、主節時以前なので「た」形になる筈である。しかし、実際には「る」形になっている。これは、従属節テンスが発話時視点で決まっていることを、如実に物語っている。つまり、主節・従属節が「た」形同士、あるいは「る」形同士となる時、視点の原理 (7a) が機能するのである。

　他方、主節・従属節が「る」形・「た」形、あるいは、「た」形・「る」形の組み合わせとなる時、視点の原理 (7b) が機能する。(8b) では、英語の試験は発話時において既に終わっている場合と、まだこれから行われる場合の双方があり得るが、これは、従属節テンス形式が主節時視点で決まっていることを示している。未来の出来事を示す主節時事態以前でありさえすれば、発話時以前はもちろん、発話時以降でも「た」形になり得るからである。SC* の表記は、

従属節事態の生起可能性が、発話時以前・以降の 2 通りあることを示している。(9b) でも、ストーンズの来日は、「言った」が示す過去時以降であれば、発話時以前でも以降でも構わない。

　ここにおいて重要なことは、従属節内の時制形式を選択する視点は、主節と従属節の時制形式の組み合わせによって自動的に決まることである*4。すなわち、従属節における視点の選択は「自由ではない」のである。このことはすなわち、主節と従属節では時間断定の方策が異なることを示している。以下で示すように、主節の時間断定は強いが、従属節のそれは無いか、あるいは弱いかである。

　本章では、日本語のテンス論において「例外」とされてきた現象を表立って取り上げる。その理由は、それらは決して例外なのではなく、それこそが日本語のテンスの本質に関わることを示すためである。日本語の独立文・主節のテンスは、極めて主観的・認識的に構築されているのである。主観的・認識的というのは、次のような現象を指してのことである（(10) は井上 2013 を参考にした）。

(10)（辛い料理を食べて顔をしかめている知人を見て）
　　a.　｛辛かった/辛い｝ですか？
　　b.　｛*辛かった/辛い｝料理は心臓に悪いですよ。

　独立文・主節において、料理を食べた過去の時点に言及して「た」形で言うか、いま辛そうな顔をしている時点に言及して「る」形（(10) ではイ形容詞なので「い」形）で言うかは、話し手の認識的選択による。すなわち、独立文・主節では、話し手の認識によって視点の選択が自由に起こり得るのである。独立文・主節における「る」形・「た」形選択の主観性・認識性を示す言語現象は豊富にある。

　(11a) は、坪本（1993）が報告している眼前描写表現である（文例は筆者による）。

(11)a.　天皇陛下のお車が門を出る。すると、群衆の中から一
　　　　人の男が飛び出してきた。
　　b.　天皇陛下のお車が門を出たとき、群衆の中から一人の
　　　　男が飛び出してきた。

(11a) の最初の文は、過去の事態を表しているのだが、「た」形を

選択せずに「る」形を用いて、あたかも静止画面が今まさに眼前にあるかのように表現している。これを、従属節を用いて（11b）のように表現すると、(11a)にある眼前性・素材性は失われる。

　次に、「る」形による命令文（12a, b）は、動作を開始する（近い）未来の時点に主観的・認識的に視点を移す表現であると考えられる。(12c)のように、従属節（この場合は連体修飾節）では、この表現は不可能である。

(12) a.　さっさと歩く！
　　 b.　はい、一列に並ぶ！（日本語記述文法研究会（編）2007: 133）
　　 c.　*さっさと歩く生徒！

独立文・主節における認識時点の相対化は、(13a)のような文でも見て取れる。(13a)においては、発話時での認識に依拠して「る」形で言っても構わないし、富士山を見た過去の時点に依拠して「た」形で言っても構わない。このような場合も連体修飾節（13b）では無理である。

(13) a.　昨日、富士山を見に行ったが、やっぱり富士山は｛高い/高かった｝。　　　　　　　　　（同上、134頁）
　　 b.　見上げるほどに｛高い/*高かった｝富士山を見て心を打たれた。

　田村（2008）は、「体験にとりこまれた過去」「時間性不問を表す文」というキーワードで、非常に興味深い観察を行っている。(14a)が前者、(14b)が後者の例である。

(14) a.　（子供が生きている文脈で）「子供はヒロシさんという名前でしたね。ちょっと頭の発育が遅れているように見かけましたけれど」　　　　　　　　（田村 2008: 29）
　　 b.　昨日は月曜日｛です/でした｝。　　　　（同上、38頁）

(14a)では、子供はまだ生きているのだから、改名でもしない限り今でも「ヒロシ」の筈だが、過去の体験時に主観的・認識的に視点をシフトさせ「た」形で表現している。一方(14b)では、発話時現在に視点を置いて「です」で述べてもよいし、昨日の時点に視点を置いて「でした」で述べても構わない。連体修飾節では、(15a)では過去形、そして、(15b)では非過去形（連体形の

「の」）は無理であろう。
(15) a. 子供の頃、ヒロシという名前{の/*だった} 友達がいて…
　　 b. 月曜日{だった/*の}昨日は…

かくの如く、日本語では、実際の出来事時とは異なる時制形式が用いられる文が多発する。これは、例えば（14b）の「です」では、過去の事態を発話時現在において時間断定しているものである。

3. 動詞らしさを失った活用形

日本語動詞に関する、極めて重要な研究の集積である高橋（1994）『動詞の研究』において、連体形は、テンス・アスペクト・ヴォイスからの解放が進んだ、「動詞らしさ」を失った活用形であるという主張がなされている。

まず、(16)を見られたい（(16a)は高橋 1994: 40 の例を参考にした）。連体形が連体修飾節主名詞の属性を表しているものである。

(16) a. 私は大英博物館で、アイルランドの兵士が<u>前進する</u>絵が表紙についた本を<u>見た</u>。
　　 b. 僧侶は、観光客のひそひそ声を、瞑想を<u>妨げる</u>騒音と<u>感じた</u>（ようだった）。
　　 c. ハンカチで<u>包んだ</u>電燈のにぶい光が

((16c) のみ高橋 1994: 41)

(16a)は、「見た」時点で兵士が前進している訳ではなく、「前進する」という動きを、テンス性を払拭して動きの概念のみ示しているものである。一方、(16b)は、「感じる」と「妨げる」で示される事態が同時に起こる解釈も可能だが（相対時制解釈）、テンス性を帯びていない、常に成り立つ状態として「妨げる」と表現している解釈も可能である。そして(16c)は、もし「包んだ」の「た」が過去テンスを示しているのなら、「この電燈は<u>いつ</u>ハンカチで包んだ？」と聞ける筈だが、(16c)に関してそのような質問は非常に奇妙である。すなわち、(16a–c)のいずれの例でもテンスから

の解放が起こっているのである。

（16c）は、「ハンカチで包まれた電燈」のように、受身形で述べても意味はほぼ変わらない。ここではヴォイスからの解放が起こっていると言える。（16c）は、動作主の名残が感じられる点において、純粋な形容詞的「た」とは異なるが、形容詞方向への移行を始めているものであろう。

アスペクトからの解放が見られる例も頻発する。

(17)a. 年長の青年で学校にあそびに｛きた/きていた｝卒業生も見える。　　　　　　　　　　　　　　　（高橋1994: 14）
   b. 年長の青年が学校にあそびに｛*きた/きていた｝。
   c. 窓を開けて、深々と降る雪をながめた。
   d. 深々と雪が｛*降る/降っている｝。

(17a)は、「あそびにきていた」という結果持続解釈を意図するものであるが、この表現と共に、「きた」でも同じ意味になる。つまり、アスペクトからの解放が起こっている。終止形では、(17b)のように、「きた」とすると文意が変わってしまう（アステリスクは、この文の表現意図からすれば非文であることを示す）。同様に(17c)も、「降っている」としても、「降る」としても意味は変わらない。終止形の(17d)では「降る」は不可であろう*5。

そして、「た」がテンス・アスペクト性を完全に失った最北にあるのが、(18)のような一連の表現である。

(18) テンス・アスペクト的意味を完全に失った「た」

鳶色がかった、あせじみた、うわずった、ひなびた、古ぼけた…　　　　　　　　　　　　　　　　　　（高橋1994: 44–45）

4. 発見・想起の「た」

日本語の「る」「た」については、非過去・過去というテンス対立と、未完了・完了というアスペクト対立の双方があり得るというのが、これまでの研究史における平均値的理解だったように思う。「昨日、その本は読んだ」のように、過去の時副詞と共に用いる「た」は過去テンス、「もう、その本は読んだ」のように、完了のア

スペクト副詞と共に用いる「た」は完了アスペクトとする訳である。そして、これらとは別に、テンス性・アスペクト性を持たない（と考えられる）「た」を、「ムードの「た」」（寺村1984）として別扱いする立場も、広く受け入れられてきたと思われる。つまり、ムードの「た」は、日本語のテンス論に関して言えば、「例外的」現象であるという捉え方である。

筆者は、日本語の「る」「た」は、一律にテンス対立を示すものであり、アスペクト解釈は文脈の中で得られると考えているが、いわゆるムードの「た」に関しても、テンス論の枠内で扱えることを以下で論じる（以下で見る発見・想起の「た」については、井上2001の分析をかなりの部分において踏襲している）。つまり、テンス論の例外とされてきた現象が、実は例外でないばかりか、これこそが日本語におけるテンスの真の姿であることを示したい。

まず、発見・想起の「た」から始める。発見・想起の「た」とは(19)の「あった」「だった」のようなもので、現在あるいは未来の事態であるのに過去形が用いられ、従って、非過去形で言い換えても意味が変わらない（ように見える）ものである。いずれも、今まさに何かを発見したとか、思い出したとかいうニュアンスがある。

(19) a. （鍵を探していて）あっ、ここに {あった / ある}。
　　 b. あっ、今日は会議 {だった / だ}。

(19a)に類する文について、井上（2001）は、「発見直前に観察行為があった」ことを示すために過去形が用いられているとし、(20)のように、(よく見たら)のような表現が挿入できるとしている。

(20)（前に探していたものが予想外の場所で偶然見つかった）
　　 何だ、こんなところにあった。＝
　　 何だ、（よく見たら）こんなところにあった。

（井上2001: 144）

けだし卓見であろう。他方（19b）は、会議があることを「以前は覚えていたが」忘れてしまい、今まさに思い出したことを表すために過去形が用いられていると言えよう。いずれにおいても、過去との密接な関わりを示すために用いられる過去形である。(19a, b)

を、「ここにある」「会議だ」のように非過去形で表現すると、過去との関わりが遮断されることになる。

　発見・想起の「た」には、現在あるいは未来の事態を、「主観的に過去との関連で位置付ける」という点において、話し手の積極的な認識的時間断定意図が張り付いている。そして、発見・想起の「た」には、過去と現在あるいは未来を主観的・認識的に「自由に」行き来する、日本語のテンスの本質が透明な形で現れているのである。

　過去と関連付けた時間断定について、もう少し例を追加しておこう。(21a) は、発見・想起の「た」が、話し手による直接的観察がなければ使えないことを示すものである。また、現在パーフェクト「ている」の記録用法（工藤 1982, 1995）と呼ばれる (21b) では、逆に、過去の直接的観察がないため「た」を用いることができない。(21b) では、葉書に記載された情報から会ったらしいことを推測しており、実際に会ったかどうかは確認されていないのである（((21a, b) での「た」形の文法性判断も原著による)。

(21) a. （給湯室の前を通ったら、誰が沸かしたかはわからないが、やかんの中のお湯が沸騰状態にある）
あれ、お湯が {沸いてる /?? 沸いた}。　　（井上 2001: 106）
　　 b. 中山種が大室よしのに宛てた葉書によると、種は昭和二十四年七月に霧積で八尾出身の人物 X に {会っています /?? 会いました}。　　（工藤 1982: 78）

これも、ムードの「た」の範疇に入れられる (22)（「差し迫った要求」）でも、発見・想起の「た」に類似することが（逆の状態で）起こっている。図式化した (23) を見られたい（ET = Event Time; 出来事時、POV = Point of View; 視点）。

(22) a.　もう、行った、行った。
　　 b.　さあ、買った、買った。

(23)

(22a, b) は、発話時 (ST) にある視点を主観的・認識的に未来

の時点に移し、その視点から、聞き手が「行った」「買った」時点を振り返って眺めているものである。移転した視点から眺めれば過去の事態なので、「行った」「買った」と言える訳である。これを、「もう、行け」「さあ、買え」とすると、視点が発話時に繋ぎとめられた解釈となる。

さて、発見・想起の「た」、及び、差し迫った要求の「た」では、話し手による主観的・認識的な視点の移動が起こっていることを見たが、これらが終止形の場合に見られる現象であることを押さえておいて欲しい。(24)に見るように、連体形ではこれが無理だからである。

(24) a. （飲み会の居酒屋を探しているが、なかなか見つからない）
あっ、あった、あった、こんな路地裏に。こんな路地裏に {ある/*あった} 居酒屋なら、もっと詳しい地図を描いてくれないとなあ。

b. （今日は重要な研修会なのを思い出して）
あっ、今日は研修会があった。思い出してよかった。今日 {ある/*あった} 研修会は部長も出席するんだ。

以下で、このような視点移動現象をもう少し見ていくが、この現象は、事態が生起した（あるいは、生起する）ことを判断する叙法断定と、事態がいつ生起した（あるいは、生起する）かについて判断する時間断定の間に乖離がある現象と捉えることができる。叙法断定と時間断定は一致するのが無標であるが、これが一致しないのが、日本語の独立文・主節で見られる視点移動現象なのである。少し形式的に述べれば次のようになろう。

叙法断定は、事態が実際に起こった（起こる）ことについて判断する、事態の認定（identification）に関わる概念である。それに対して時間断定は、事態を時間軸上のどこに位置付けるかを判断する、事態の認可（licensing）に関わる概念である。これは、Rizzi (1990) による、痕跡の認定・認可方式を思い起こさせる。Rizzi (1990) は、痕跡に関わる先行詞統率（antecedent government）と語彙統率（lexical government）を、前者は identification の問題

であり、後者は licensing の問題であるとした。例えば、What did you buy? のように、目的語位置から WH 移動が行われた状況を見てみよう。

(25)

先行詞統率は、それが「何」の痕跡であるかを保証する機構であり、痕跡の認定を規制する。そして語彙統率は、痕跡が「どこ」に生じてよいか（(25)では目的語位置）を保証する機構である。認定と認可は、言語現象の様々な個所で必要とされる、成立要件を規制するものだと思われるのである。

5. 物語文のテンス

物語文のテンスについては、1980年代における牧野成一や井島正博などの論考を経て、益岡（1991）などの論考もあったが、当節では、工藤（1995）の観察を主軸として述べることにしたい。

物語文では、話し言葉では発話時に当たる「表現時」（物語を書いている時点）から過去を振り返って見た「た」形が基本であり、表現時が物語を推し進める基準時となる。次の文例を見られたい。

(26) 深い秋の静かな晩だった。沼の上を雁が啼いて通る。細君は食台の上の洋燈を端の方に寄せて其下で針仕事をして居る。良人は其傍に長々と寝ころんで、ぼんやりと天井を眺めて居た。二人は永い間黙って居た。

（工藤1995: 166）

(26)は、過去形の「晩だった」で始まり、非過去形の「通る」「して居る」を経て、再び、過去形の「眺めて居た」「黙って居た」に戻っている。このようなテンスの転移は、小説などでは馴染み深いものであるが、過去形は、語り手（話し言葉での話し手に相当）が表現時を基準点として描写するもの、非過去形は、登場人物が物

語の現場から見た状況を描写するものである。後者は、一見、相対時制のように思えようが、語り手と登場人物は異なる参与者なので（もちろん、語り手が登場人物に感情移入することは常にあり得る）、登場人物の視点による絶対時制の発露とすべきである*6。このように、物語文では、(27)で図式化するように、「視点の移動＝絶対時制に基づく認識点設定」が、(比較的)自由に起こるのであるが、この時の活用形が終止形であることは極めて重要である。

(27)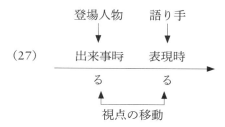

　敢えて極端な言い方をすれば、日本語における終止形の「る/た」は、時間軸上のどこにでも投錨できる。ただし、現実世界における出来事の生起に関するフィルター（filter）がかかるのである。
(28) a.　昨年、中国に {行った/*行く}。
　　　b.　来年、中国に {行く/*行った}。
例えば(28a)で、「中国に行く」を未来の時点に投錨してもよいのだが、過去の時副詞「昨年」の使用から明らかなように、話し手が去年中国に行ったことが現実としてあり、従って、時副詞とテンス値の不整合のために、「昨年、中国に行く」が言えないのである。(28b)でも同様のことが言える。
　が、フィルター機能を発動させる必要がない文脈では、このような不整合が許される。
(29)　「ええ、わたしもおどろいたわ。<u>昨日の午後</u>になって急に<u>言い出す</u>んですもの。あんな引っ越しってないわ」

(工藤1995:187)

(29)は、物語文テンスのテクスト的機能（表現時基準）と、「言い出す」が示す認識的視点（出来事時基準）の混在する見事な例である。表現時から見れば、過去の出来事なので「昨日の午後」となり、出来事時から見れば、「今」の出来事なので「言い出す」とな

第4章　終止形と連体形　71

る。このようなことが可能なのも、日本語の終止形テンスが有する「特権」の故であろう*7。

　ところで、誤解が生じないうちに記しておきたいが、従属節中でも、一見、上で述べてきたものと同じように見える現象が起こる。(30)は連体修飾節の例である。

(30) a.　隣の座席に {座っていた/座っている} 男が話しかけてきた。
　　 b.　山形に {住んでいた/住んでいる} 叔父が突然訪ねてきた。

過去の文脈においても「る」は可能だが、これは、視点の原理によって文法的に条件付けられる相対時制によるものであり、話し手が、主観性・認識性に応じて「自由に」視点を移動させる現象とは性質を異にすると考えるべきである。

6.　自由間接話法

　自由間接話法（free indirect speech）は、描出話法とも呼ばれ、小説などの文章において語り手の視点と登場人物の視点が混在するものを指す。当節では、英語の自由間接話法に見られる現象を日本語の場合と比較し、日英語の傾向の違いを抽出することによって、日本語テンスの本質的な姿を浮き彫りにすることにしよう。

　キャサリン・マンスフィールドの小説の一場面である (31) を見られたい（例は山口 2009: 218–219 から借用したが、①〜⑤の番号と下線は (32) の日本語訳と対応する箇所として、came/these の太字は本文で言及している単語として筆者が加えた）。ここにおいて、テンスと3人称代名詞の使用は語り手の視点を反映し、come/these という直示表現は登場人物（ローラ）の視点を反映していることが見てとれるだろう。

(31)　He bent down, pinched a sprig of lavender, put his thumb and forefinger to his nose and snuffed up the smell. When Laura saw that gesture she forgot all about the karakas in her wonder at him caring for things like that — caring for the smell of lavender. How many men that she ① knew ② would have done such a thing? Oh, ③ how extraordinarily nice workmen were, she thought. Why ⑤ couldn't she have workmen for friends rather than the silly boys she danced with and who ④ came to Sunday night supper? She ⑥ would get on much better with men like these.　　　　（Katherine Mansfield, "*The Garden Party*"）

　ここで、地の文は過去形になっているが、これは、物語文の基本形式である、表現時（話し言葉の発話時に相当）から見た過去を示している。また、登場人物のローラを指す代名詞は、例えば3行目の she のように3人称が用いられている。すなわち、テンスと代名詞は語り手の視点を反映しているのである。他方、下から2行目の came は、ローラのいる場所への動きを示しているので、ローラの視点を反映している。最後の行にある these も、ローラが自分に近いと感じる人物（職人たち）を指すので、ローラの視点を反映していると言える。つまり、直示表現は登場人物の視点から描かれているのである。

　さて、この例に関して注目したいのは、英語文で用いられている過去形が、(32)の日本語訳では非過去形で表すのがむしろ自然だという点である（日本語訳も山口による）。

(32)　彼はかがんでラベンダーの枝先を摘み取り、薬指と人差し指で挟んで鼻先へ持っていくと、その匂いをかいだ。そのしぐさを見たときローラはカラカの木のことをすっかり忘れてしまった。彼がそういったことに心を留めることに、ラベンダーの香りに心を留めるのに驚いたのだ。自分の①知っている男の人でそんなことを②するのは何人いるだろうか。③職人さんって、どうしてこんなに感じがいいんだろう。彼女はそう思った。舞踏会や日曜の晩餐に④やってくる馬鹿な男の子たちではなく、職人達を友達に⑤できないものか。こういう人たちのほうがよっぽどうまく⑥付き合えるのに。

　　　　　　　　　（キャサリン・マンスフィールド『園遊会』）

（31）に対する日本語訳（32）では、ローラの心情を描写した部分が、すべて非過去形で置き換えられていることに驚嘆する。言うまでもなく、視点が登場人物に移し替えられたものである。もちろん、英語の小説においてもこのような現象がない訳ではないが、日本語に比すると、その割合は非常に少ないであろう。自由間接話法は、一般的には、小説における過去形は語り手の視点、過去の文脈に現れる非過去形は登場人物の視点を表していると説明されるのだが、この現象は、むしろ、語り手が登場人物に姿を変えて、過去形を非過去形として「主観的・認識的」に解釈したいときに起こる現象と捉えた方が、日本語テンスの本質に肉迫すると言えるだろう。

7．第4章のまとめ

　第4章では以下のことを論じた。
①定形性の根幹は意味概念である断定にある（意味的定形性）。
②意味的定形性と節的定形性（構造上への反映）は普遍的であるが、形態的定形性（動詞形態への反映）は個別言語的である。
③従属節のテンスは、主節と従属節の時制形式の組み合わせによって自動的に決まる（視点の原理）。すなわち、従属節における視点の選択は自由ではない。
④主節と従属節では時間断定の方策が異なる。主節の時間断定は強いが、従属節の時間断定はない（あるいは弱い）。
⑤終止形を有する独立文・主節では、話し手の主観・認識によって視点の選択（時間断定様式の選択）が自由に起こる。連体形を持つ節ではこのような現象が見られない。
⑥連体形は、テンス・アスペクト・ヴォイスからの解放が進んだ、動詞らしさを失った活用形である。
⑦終止形節に見られる視点移動現象は、叙法断定と時間断定が乖離する現象である。

*1　定形性が断定と結び付くことを最も明確に述べているのは Klein (1998) であろう。
*2　Huddleston (1988) は、定形性とは動詞が示す一致（agreement）とテンスであるとしているが、英語では人称・数（φ素性）が動詞の形態に反映されるのに対して、日本語では反映されない。このように、動詞形態を基盤として定形性を捉えようとすると、汎言語的様相が網の目から抜け落ちることになる。
*3　以下、なくても議論には関係がないが、あった方がスタイル的に好ましい表現を括弧に入れて示すことがある。(8a)での「(らしい)」のようなものである。
*4　しばしば誤解を受けてきたことであるが、視点の原理は、定形テンスに関する一般化であり、かつ、三原 (1992) の後半で詳細に論じたように、補部関係をなす構造中に現れるテンスに関する原理である。従って、非定形テンスや、補部関係をなさない副詞節などは（基本的には）分析対象に入ってこない。
*5　「雪は降る　あなたに来ない」という歌詞があるが、この場合の「降る」にテンス性はなく（恐らく不定形であろう）、光景の静止画面化の効果を狙ったものと思われる。
*6　ただし、物語文で相対時制が起らない訳ではない。このことに関しては工藤 (1995) 参照。
*7　発話行為を行うことが動作の遂行に直結する遂行表現（performative）も、発話行為に伴って起こる（未来の）事態の遂行を発話時において行う、話し手による主観的・認識的行為と捉えることも可能かもしれない。
(i)　a.　貴殿に支社勤務を命ずる。
　　 b.　真実をありのまま証言することを誓います。
　　 c.　ありがとう。感謝します。
　　 d.　その件については断ります。

(日本語記述文法研究会（編）2007: 132–133)

第5章

テ形

1. はじめに

本章で扱うテ形は（1）において下線で示すものである*1。例文末の括弧内に標準的な名称を付す、名称・分類ともに、本論において修正を施すことにしたい*2。

(1) a. 直人は<u>しゃがんで</u>財布を拾った。（付帯状況）
  b. 美穂は紀伊国屋に<u>行って</u>本を買った。（継起）
  c. 彼の話を<u>聞いて</u>心底驚いた。（原因・理由）
  d. 庭には灯籠が<u>あって</u>、茶室まで細い道が続いていた。
   （並列）

（1a）のテ形節は主節動作を限定修飾するもの、（1b）はテ形節動作が先に生じ、その後に主節動作が実現する（と言われている）もの、（1c）は動作の先後関係は（1b）と同じだが、テ形が主節動作の原因あるいは理由となるもの、そして（1d）は、テ形節で示される状態と主節の状態が同時並存するものである。テ形には、他に、「<u>遊んでいる</u>」「<u>置いてある</u>」のように形式動詞に前接するものや、「<u>率直に申し上げて</u>」「<u>カッコつけて</u>」のように慣用化したものがあるが、これらについては本章では扱わない。

先行研究では、連用形とテ形を同類とした上で、下位区分するものが多い。例えば寺村（1984）は、両者を保留のムードで括り、連用形を基本語尾、テ形をタ語尾としている。また、言語学研究会・構文論グループ（1989a, b）及び新川（1990）では、連用形が第一なかどめ、テ形が第二なかどめとされている*3。よく知られているように、並列と従属の双方の機能を有していた連用形が、歴史的経緯の中で並列＝連用形、従属＝テ形に分化していったことを考えると故ある見解かと思う。また、言語学研究会の一連の論考

で示されているように、並列（連用形）と従属（テ形）は、並列―従属というスケールの両端では役割分担が見られるものの、その間にはかなりの幅を有する「中間地帯」があることを勘案すると、同類・下位区分という見解には頷ける点もないではない。

　本章では、まず第2節において、先行研究の知見に敬意を払いつつも、「構造に反映される意味特徴」を指導原理として、テ形の意味タイプをできる限り小数に抑え、付帯、継起、並列の3種に収束させる。この議論の過程で、「テ」が「近接過去（immediate past）」を表す標識であることを主張することになる。そして、第8節から第11節では、これら3種のテ形を含む節（以下、「テ形節」と言う）が、地図製作計画の句構造において、VP付加構造、FinP付加構造、FinP等位構造という構造を取ることを論じ、併せて、継起のテ形節には2種類の別があることを立証する。さらに、第12節と第13節において、テ形節の内部構造を検証することにより、テ形節がFinP部分を活性化する構造を取ることを明らかにし、「テ」は、FinP主要部のFin位置を占める要素であることを述べる。

2. テ形節のタイプ

　（1a–d）で挙げた、テ形に関する4種の意味特徴は先行研究の中で平均値的なものと思われるが（例えば加藤1995など参照）*4、その両極に、できる限り少数を設定しようとする立場（仁田1995）、多くのタイプを設定する立場（吉永2008）がある。本書の立場は仁田（1995）に近似する。

　仁田は、（1b）の継起と（1c）の原因・理由を「継起」として一括した上で、「付帯状態」「継起」「並列」の3類を立てている。もっとも、継起を時間的継起と起因的継起に細区分しているので、3類4種分類であると言える*5。時間的継起と起因的継起を分ける根拠として、前者では、「娘はにこやかに{言って/??言ったために}、彼の前から立ち去った」のように「ために」節での言い換えができないが、後者では、「倉庫番が、背の高い男に{せっつかれて/せっつかれたために}喚いた」のように言い換えができること

が挙げられている。ただ、両者は連続して繋がっているものであるという記述があり、本章の第8節〜第11節で見る作用域に関する事実でも同じ振る舞いとなるので、両者を分けないことにしたい。

　他方、吉永（2008）は、付帯状況のうち、「歩いて学校に行く」のように「ながら」（あるいは「まま」）で置き換えができないものをテ1とし、「泣いて謝る」のように置き換え可能なものをテ2とする（名称は共に「付帯」）。また、継起と原因・理由は、それぞれテ3（継起）、テ5（因果）としてそのまま残し、その間に、「直木賞を受賞してベストセラーになった」のように、継起とも因果とも取れるものをテ4（継起・因果）として分けている。テ6（並列）を立てる点は先行研究と同じである。「はっきり言って」など慣用化しているものをテ7として、考察対象から省く点も先行研究と軌を一にする*6。

　以下、本章では、先行研究においてテ形節を分類する際に挙げられてきた言語事実を検討し、3種のテ形節を設定することを確認するが、次節ではまず付帯状況について述べることにしよう。

3．付帯

　付帯状況（仁田の用語では「付帯状態」。以下、「付帯」と呼ぶ）について、仁田（1995）は、(A) テ形節事態が主節事態を限定修飾する、(B) テ形節主語と主節主語が同一、(C) テ形節事態と主節事態が同時という特徴付けを与えている。仁田（1995: 89, 93）から例を借用する（［　］は筆者による）。

(2) a.　痩せた男は［腰を浮かして］ドアを見つめていた。
　　b.　(…) 小奇麗な老婦人が［静かに座って］煙草を喫っていた。

ここにおいて (A) は問題ないが、(B) (C) についてはいささかの注意が必要である。

　まず (B) については、仁田の意図は、主語が同一なのでテ形節では主語が「省かれる」ということだが、生成文法では (2a, b) の［　］部分にPRO主語を設定するので、主語自体は存在するこ

とになる。そして、テ形節主語は確かに主節主語と同一の場合が多いが（従って、音形を取らない PRO となる）、(3) のように、波線で示す非対格動詞を用いた場合、音形を取る別主語が現れることが可能である。

(3) a. 私は、学会発表のときメモを忘れて、[頭が真っ白になって] しゃべった。
b. 我々が駆けつけたときには、兄は、[既に心臓が止まって] 倒れていた。
c. 僕には [風景がゆがんで] 見えた。

(3a) は明らかに付帯解釈である。他方 (3b) は、継起解釈が無標のようにも思えるが、「心臓が止まって」が「倒れていた」を限定修飾する付帯解釈も可能であろう*7。また、付帯解釈となる (3c) では、風景自体が見えたのではなく、風景がゆがんで見えたのであるから、「風景が」は明らかにテ形節内の要素である。本章では、以下で示す継起や並列と同様に、付帯においても主語の異同は特には分析対象としない*8,*9。従って、主語の意味役割の異同（吉永 2008）も特段の問題とはしない。

次に (C) については、テ形節事態が主節事態と同時とはいうものの、まずテ形節事態が起こり、その事態（あるいは結果状態）が主節事態と並存すると見るのが妥当であると思われる。(4a–c) は仁田の挙げている実例を参考にした。

(4) a. 少女が [しゃがんで] 道端の花を見ていた。
b. 大迫さんは [興奮して] 係員に食ってかかった。
c. 相手は [地団駄を踏んで] 悔しがった。

(4a) では、「しゃがんで見る」ためには、まず「しゃがむ」という動作が先に生じなければならない。(4b) も同様である。一方 (4c) では、地団駄を踏む動作と悔しがる心的動作の先後関係は俄かには決め難いが、(4a, b) と同様の事態関係も十分可能である。この文の聞き手にとっては、地団駄を踏むという外見を見て、だから悔しがっている筈だと解釈するのが自然だと思われる*10。

付帯のテ形でも動作が完了していることは、状態を表すものに最も明確に見て取れる。(5) は、動作主の状態を表すテ形であるが、

「〜た{姿勢/状態}」で言い換えることができる（(4a, b)も同様）。モノの状態を表す(6)でも同じことが言える。

(5) a. 不審な男が壁に{もたれて/もたれた姿勢で}あたりを窺っていた。
    b. 事務官がたくさんの書類を{かかえて/かかえた状態で}部屋に入ってきた。
(6) a. ポスターが{破れて/破れた状態で}風に舞っていた。
    b. 配水管が{濁って/濁った状態で}あふれ出していた。

動作動詞を用いた「歩いて学校に行く」などでは、「*歩いた{姿勢/状態}で学校に行く」が言えないが、動作動詞は、動作の開始時点において動作が成立し、その後、同質の動作が継続することを表すので（工藤1995）、やはりテ形節事態が先に起こっていると言える。

　この主張については、後に、テ形が表す近接過去を問題にする際に再び取り上げる。ともあれ、「付帯」という意味タイプを立てることについては、仁田（1995）他、多くの先行研究の見解を踏襲したい。

4. 継起

　次に継起と原因・理由について述べる。まず、代表的な例を挙げておこう。(7a, b)は、テ形節事態が先に起こり、その後に主節事態が起こるものである。(7c, d)も事態の先後関係は(7a, b)と同じだが、テ形節事態が主節事態の原因あるいは理由になるものである（仁田1995の起因的継起）。

(7) a. 窓口係は、私の受付番号を<u>聞いて</u>、奥に引っ込んだ。（継起）
    b. 課長が専務に了承を<u>取って</u>、田中がすぐニューヨークに飛んだ。（継起）
    c. 電車を降りるとき、<u>押されて</u>怪我をした。（原因・理由）
    d. 2年生が余計なことを<u>して</u>、上級生が困った。（原因・

理由）

　ここにおいて、テ形節事態が、単なる時間的先後関係ではなく、主節事態の原因・理由になるかどうかは、主節述語の選択（怪我をする／困る）や状況に依拠する。(7a)は、上ではとりあえず継起としたが、受付番号に不審があったので奥に引っ込んだという解釈は可能であるし、(7b)も、了承を取って旅費が出たのですぐニューヨークに飛んだという状況はあり得る。すなわち、テ形節が継起読みになるか原因・理由読みになるかは一律には決められず、時間的先後関係こそが重要であるということである*11。本章では両者をまとめて「継起」と称することにしたい。

　そのことを押さえた上で、ここで重要なのは、2種類の継起があり得ることである。1つはテ形節と主節が別の事象を構成するもので、もう1つは両者が1つの事象を構成するものである。

　このことは、内丸（2006）が用いている「さえ」焦点化テストを援用することで明らかになる（(8a)の例文は内丸（28頁）から借用したが、［　］表示は筆者による）。

(8) a.　花子は風邪をひいて［学校を休み］さえした。
　　 b.　花子は［風邪をひいて学校を休み］さえした。

(8a)において、「さえ」で焦点化されているのは「学校を休み」のみであり、「風邪をひいて」は学校を休んだことの前提となっている。他方、(8b)は、普段風邪をひきそうにない花子が「風邪をひいて学校を休んだ」ことが「さえ」によって焦点化されている。内丸（28頁）は、継起と原因・理由のテ形節（本稿では共に「継起」）が「さえ」の焦点領域に入らないとして(9a)の例も挙げているが、(8b)と同様に焦点化される例を(10)で追加しておく。

(9) a.　花子は電車を降りて［忘れ物に気づき］さえした。（継起）
　　 b.　花子は風邪をひいて［学校を休み］さえした。（原因・理由）

(10) a.　密猟者は、［狩猟禁止区域に入って、雉を撃ち］さえした。（継起）
　　 b.　直人は、［重要な書類で計算ミスをして、会社に大損を

かけ〕さえした。(原因・理由)

(9a) で「電車を降りて」が焦点化されないのは、「電車を降りさえした」という解釈が無標の状況では不自然なことによる*12。

　本章では、継起と原因・理由を「継起」に収束させた上で、「さえ」の焦点領域に収まるものを「継起A」、収まらないものを「継起B」とする。この区分については、後に、主節末要素の作用域を観察する際により明確にする。

　さて、継起のテ形節は、テ形節における動作の完了、あるいは状態の既存在を前提として主節と結び付くことが明白な形式である（付帯でも同様の論点が成り立つことは3節で述べた）。その意味において、話者は、テ形節を発話するにあたって、テ形節が表す事態を「認識的に」過去の事態として捉えていることになる*13。

　従って、以下のような文ではテ形の容認度が低い。(11a) は単なる偶発的な事態の先後関係（temporal sequence、括弧内に英語で示すものは長谷川による名称）、(11b) は単なる情報の追加（additive）、そして、(11c) は因果と帰結（cause and effect）の時間的順序関係が逆になるものである。

(11) a. ＃私は家を出て、雨が降ってきた。(cf. 私は家を出た。雨が降ってきた。) *14

　　 b. ＃日本列島に初めて独自の文化を生み出した縄文人は、狩人であって、漁夫だった。(cf. 狩人であって、同時に漁夫でもあった。)

　　 c. ＃娘がもうすぐ学校に入って、(私は) ジムをやめなければならなかった。(cf. 娘がもうすぐ学校に入るので、(私は) ジムをやめなければならなかった。)

((11b) の cf. を除き Hasegawa 1996: 23–25、＃の表示も長谷川による。)
上記の例でテ形の許容度が低いのは、主節事態に先行するものとしてテ形節事態を捉える必要がない（(11c) では捉えられない）からであり、さらに言えば、テ形節事態が、主節事態に対する「認識的過去」の事態とはなっていないからである。上でわざわざ「認識的」と付したのは、テ形が定形の「た」形ではないということもあるが、テ形節事態を主節事態に先行するものとして「捉えたい」と

いう話者の認識行為が、テ形には張り付いていることによる。

　ここにおいて、(11b) の cf. で示した文と、註 11 の (ii) で述べた文が極めて重要な論点を提示する。(11b) の cf. の文は、「同時に」の付置により、「狩人であった」という認識がまず「先に」なされたことが示されている*15。「狩人であって、漁夫ではなかった」としても正文が生じるが、これは、「狩人であった」という認識を提示し、その上で、「漁夫ではなかった」と先になした認識を補強しているからである。そして、註 11 の「4時から用事があって来ました」では、「用事があった」という話者の認識を先に示し、その目的を達成するために「来た」という認識が次に示されている。この例は、テ形節事態が必ずしも主節事態に先行する必要はなく、話者の認識中にある先後関係こそが重要であることを如実に示している。もちろん、無標の場合、テ形節事態が主節事態に先行するのであるが、それは、話者の認識が、通常、その生起順序に則ってなされることを示しているのである。

　テ形が表す認識性と関連すると思われるのが、連用形が連続すると極めて容認性の低い文が生じるのに対して、間にテ形を入れると落ち着きがよくなるという現象である。このことは節を改めて論じよう。

5．節の連続

　まずデータを確認されたい。(12a) のように連用形を続けて用いると、文体的に美しくない文章になるのに対して、(12b) のように随所にテ形を挿入すると、文章としての安定度が向上する。

(12) a. #昨日、梅田に行き、紀伊国屋に寄り、雑誌を何冊か買い、それから、居酒屋に入り、ビールを2～3杯飲み、刺身を少しつまみ、そして家に帰った。

　　 b. 昨日、梅田に行き、紀伊国屋に寄って、雑誌を何冊か買い、それから、居酒屋に入って、ビールを2～3杯飲み、刺身を少しつまんで、そして家に帰った。*16

このような現象はなぜ起こるのだろうか。

この問題に対峙して非常に参考になるのが新川（1990）の記述である。この論考では、1つの文中に連用形（第一なかどめ）とテ形（第二なかどめ）が共存する場合が注意深く考察され、下記の(13a–c)はあり得るが、(13d, e)の用例が極めて少ないという一般化が取り出されている。[　]はそれがまずひとまとまりになることを示す。(13a–c)は、それぞれ下位類が取り出されているので、それらの特徴付けと共に典型的な例を1つずつ挙げておこう（文例における[　]は筆者が入れた。また、「前段階的動作」は新川が用いている表現であるが、「付帯」と同義である）。

(13) a.　(A)［連用形＋テ形］＋定形動詞：連用形とテ形で示す動作が、定形動詞の動作を行うための前段階的動作（副次的動作）を表すもの。連用形動作とテ形動作は並列関係にある。
　　　　　［初之輔は火鉢のやかんを<u>とり</u>、茶だなから湯のみを<u>だして</u>］、ぬるい湯を鯨のごとくのんだ。(160頁)
　　　(B)［連用形］＋［テ形＋定形動詞］：連用形で示す動作が、テ形と定形動詞で示される動作と並列関係をなすもの。テ形動作は定形動詞動作の前段階的動作となる。
　　　　　［三千代はしらじらしく二人を<u>ながめ</u>］、［押入からふとんを<u>だして</u>、<u>しきはじめた</u>］。(163頁)
　　b.　(A)［テ形＋連用形］＋定形動詞：テ形と連用形で示す動作が、定形動詞が示す動作と並列関係をなすもの。テ形動作は連用形動作の前段階的動作となる。
　　　　　［三原はメモに「鎌倉にいきます」とだけ<u>かいて</u>、主任の机の上に<u>おき</u>］、警視庁を<u>でた</u>。(166頁)
　　　(B)［テ形］＋［連用形＋定形動詞］：テ形で示される動作が、連用形と定形動詞で示される動作の前段階的動作となるもの。
　　　　　［僕は洗面所へ<u>いって</u>］、［水を<u>のみ</u>、体じゅうを濡手拭でごしごし<u>ぬぐった</u>］。(167頁)
　　c.　(A)［テ形＋連用形］＋［テ形＋定形動詞］：前段階的動作を表すテ形と、連用形で示される動作が、テ形と

定形動詞で示される動作と並列関係をなすもの。

［タオルを水でひたしてきて、患部をそっとふき］、［交換用の布をおおって、ばんそうこうでとめた］。（169頁）

(B)［［テ形＋連用形］＋テ形］＋定形動詞：前段階的動作を表すテ形と、連用形で示す動作が、二番目のテ形で示す動作と並列関係にあり、その総体が、定形動詞が示す動作の前段階的動作となるもの。*17

［［筍を皮のついたまま焚火であぶって、皮をむき］、最寄の家でもらってきた味噌を湯気のたつ筍にぬって］、たべるのだ。（169頁）

d. 連用形＋テ形＋連用形＋定形動詞
e. 連用形＋連用形＋テ形＋定形動詞

が、筆者の見るところ、(13a–c) のデータを細かく観察すると次のパターンに収束するように思える。(a) は新川論文でも強調されていることである。

(a) 連用形を含む節は他の部分と並列関係に立つ。
(b) テ形を含む節は、前接する連鎖をひとまとまりにするか、あるいは、それ自体がひとまとまりになる形で存在する。

(b) について言えば、例えば、(13a)(A) では、前接する［連用形＋テ形］がひとまとまりとなり定形動詞に係っており、(13c)(B) では、前接する［［テ形＋連用形］＋テ形］が定形動詞に係っている。そして、(13a)(B) や (13b)(B) では、テ形動作自体が前段階的動作（付帯）としてひとまとまりになり、定形動詞や連用形＋定形動詞に係っている。つまり、テ形は事態をいったんテ形でまとめ、その後に、さらに事態を続ける形式であると言える。この「テ形でまとめる」という作業に関わるのが、「テ形によって認識的に過去の事態としてまとめる」という意識ではないかと思われる*18, *19。

他方、連用形は、「まとめる」という認識的作用を介することなく、その後に文章を続ける形式であると考えられる。このことは、連用形では発話の休止を表す「ね」を挿入できないのに対して、テ

形では、[ ]で括られた部分にこれが可能なことからも傍証が得られる*20。

(14) a. *昨日、梅田に<u>行き</u>ね、紀伊国屋に<u>寄り</u>ね、雑誌を何冊か<u>買い</u>ね、それから居酒屋に<u>入り</u>ね、ビールを2〜3杯<u>飲み</u>ね、刺身を少しつまみね、そして家に帰った。

b. [昨日、梅田に<u>行き</u>、紀伊国屋に<u>寄ってね</u>]、[雑誌を何冊か<u>買い</u>、それから、居酒屋に<u>入ってね</u>]、[ビールを2〜3杯<u>飲み</u>、刺身を少し<u>つまんでね</u>]、そして家に帰った。

連用形が連続する (12a) と、テ形節を間に介在させた (12b) で起こっていることは、概ねそのようなことではないかと思われるのである。(13e) の用例が少ないことも、この説明の枠内に入り得るであろう。(13d) については、この構造が [連用形] + [テ形 + 連用形] + 定形動詞であるとすれば、同様の説明が可能であると思われる。

さて、これまで「認識性」という表現を用いてきたが、時制論の中でテ形を捉える時、テ形をどのように概念化すればよいのだろうか。

世界の言語には、発話時に近い過去を表す近接過去（immediate past）と、遠い過去を表す遠隔過去（remote past）をテンス形式として区別するものがかなりある（このことについては Comrie 1985：第3章が詳しい）。筆者の見るところ、テ形は、日本語における近接過去形式であるように思える（テ形節は非定形節であるので、当然ながら、この近接過去解釈は主節時を基準とする相対時制によってなされる）。次の文は、遠い過去の事態を表す部分を連用形あるいはテ形で示し、それを主節に結び付けているものであるが、連用形が正文を導くのに対して、テ形の落ち着きが悪い。

(15) a. その五重塔は、平安時代末期に飛鳥寺の近くに {建立され/#建立されて}、戦後になって、奈良市によって今の場所に移されたのです。

b. 生成文法は、1957年に Chomsky が文の命題部分を記述する理論的枠組みを {提示し/#提示して}、それから

第5章 テ形　87

　　　　　　　　40 年後、Rizzi が談話構造を取り組む枠組みを考案するに至った。
　　　　　c.　祖父の代までは庭に井戸が {あり /# あって}、それを父が、家を建て替えた際に埋め立てました。

ただ、例えば（15c）を、「祖父の代までは庭に井戸が<u>ありまして</u>、それを父が、家を建て替えた際に埋め立てました」のようにすると正文になる。この場合、「ありまして」の後にポーズを置いたり、あるいは、「ありました。」のように文休止を置くことが可能である。前者はいわゆる「テ形による言いさし」であるが、双方とも、庭に井戸があったことを思い出しているようなニュアンスがある。

　どれくらい近い過去であればテ形で言えるのかということに関しては、話者による文内容の捉え方、すなわち、文内容をどのように認識するかによって一律には記述し難い。しかし、テ形が近接過去を表すという論点については、管見によれば、これまで気付かれてこなかったと思われるので、明記しておくべき事項であろう。

6.　並列

　前節までの主張を並列のテ形にも敷衍しようとする時、この主張と、標準的見解となっているテ形節事態と主節事態の同時並存性に、どのように折り合いを付けるかが最大の問題となる。確かに、並列のテ形節は、主節と入れ替えても意味は同一である。

（16）a.　上の子が幼稚園に入って、下の娘がやっと歩き出した頃だった。　　　　　　　　　　　　　　　　（仁田 1995: 91）
　　　b.　下の娘がやっと歩き出して、上の子が幼稚園に入った頃だった。

ただ、動きを表す動詞では継起の意味が出易いので、完全な並列解釈を得るには状態動詞を用いる方が妥当であろう。（16a）でも、「上の子が幼稚園に入って、<u>それから</u>、下の娘がやっと歩き出した頃だった」と言うことができる。

　（17）での状態動詞の例を観察されたい。テ形を用いた文は、もちろん非文ではないが、連用形を用いた方が微妙に落ち着くように

感じられる。(18)のように、「それから」を付置すると、テ形と連用形の違いがより明確になる。テ形では文法性が向上し、連用形では逆に低下するという現象が見られるのである。

(17) a. 庭には灯篭が｛あって／あり｝、玄関には蹲(つくばい)があった。
  b. この動物園には、アジアの動物コーナーにパンダが｛いて／おり｝、砂漠の動物コーナーにアルマジロがいる。
(18) a. 庭には灯篭があって、それから、玄関には蹲があった。
  b. ??庭には灯篭があり、それから、玄関には蹲があった。

このことは、並列のテ形節においても真の意味での「並列」は存在せず、テ形を取る前節は、話者が「先に」認識した状態を表していることを示唆している。とすると、「並列」という名称は多少そぐわなくなるが、ラベル名に全ての主張を盛り込むのは困難であるので、この名称を引き続き使用することにしたい。

7. 第5章前半のまとめ

以上、先行研究でのテ形節の意味分類を検討し、「付帯」「継起」「並列」の3種を設定することを論じた。意味特徴と共にまとめておこう。

付帯：主節事態を限定修飾するテ形節事態が主節事態直前に起こり、その後、両事態が時間的に同時並存すると話者が認識するもの。
継起：テ形節事態が主節事態と共存せずに先行して起こり、その後、主節事態が起こると話者が認識するもの。
並列：テ形節事態を先に認識した上で、テ形節事態と主節事態が共存並立すると話者が認識するもの[*21]。

継起は「継起A」と「継起B」に区分されるが、これは、句構造上のどこにテ形節を配置するかという構造に関わることなので、次節で明示的に示すことにしたい。3種のテ形節において、テ形は、近接過去を表す形式であり、いずれもテ形節事態を主節事態より先に認識したことを示す[*22]。時間的先後関係が最も透明な形で現れるのが継起のテ形節である。

8. 否定の作用域

　第8節と第9節では、加藤（1995）、吉永（2008）などで援用されている、主節末の否定及びモダリティがテ形節内まで係るか否かという作用域に関するテストを用いることによって、テ形節が句構造上で3箇所に配置されることを論証する。なお、作用域に関して上記の文献とは判断が異なるものも多いが、煩雑さを回避するために、特に言及する必要がある場合を除き、これらの文献との異同を逐次述べるのは避けることにしたい。当節では否定の作用域を見ることにしよう。

　テ形節事態が主節事態に僅かながらも先行して起こり、その後、両事態が時間的に同時並存すると話者によって認識される付帯のテ形節は、主節と共に1つの事象を構成するものである。従って、主節末の否定辞の作用域がテ形節にも及ぶと予測されるが、以下に示すように事実はそうなっている*23。

(19) a. ［車を使って被災地に行け］なかったので、途中から徒歩で行った。
　　 b. ［涙を流して謝ら］なかったのが気にいらなかったようだ。

(19a)では車を使わなかったのであり、(19b)では涙を流さなかったのである。ここにおいて、［車を使って］［被災地に行けなかった］と構造化されるような解釈、つまり、車を使ったという解釈は無理である。

　他方、継起のテ形節は、否定辞の係り方に関して2種類のものがある。(20)は継起A、(21)は継起Bの例である。

(20) a. ［わざわざ本社まで行って報告をする］必要はない。
　　 b. ［大学に合格して両親を安心させることができ］なかった。
(21) a. 犯人は、死体を裏山まで運んで、［なぜかそれを埋めて隠すことはし］なかった。
　　 b. 朝青龍は、左肘を捻挫して、［大阪場所に出］なかった。

(20a)では本社まで行く必要はないのであり、(20b)では大学に

合格しなかったのである。他方、(21a) は、死体を裏山まで運んだ上で、否定しているのは「それを埋めて隠すことをする」の部分である。(21b) でも、左肘は捻挫したのであり、否定の対象となっているのは「大阪場所に出る」の部分である。すなわち、(20) はテ形節と主節が1つの事象を構成し、(21) はそれらが2つの事象を構成していると言えよう。

1つの文で、状況によって2通りの係り方をする場合もある。

(22) a. ［檜材を買って風呂を作ら］なかった。
　　 b. 檜材を買って［風呂を作ら］なかった。

(22a) は、檜材を買っては風呂を作らなかったのであり、(22b) は、檜材を買っていながら、それで風呂を作りはしなかったのである。

第4節で論じた「さえ」に関する事実も上記の構造化に符合する。既に挙げた (9) (10) を (23) (24) として再掲する。

(23) 継起A
　　 a. 密猟者は、［狩猟禁止区域に入って、雉を撃ち］さえした。
　　 b. 直人は、［重要な書類で計算ミスをして、会社に大損をかけ］さえした。

(24) 継起B
　　 a. 花子は電車を降りて［忘れ物に気づき］さえした。
　　 b. 花子は風邪をひいて［学校を休み］さえした。

最後に、並列のテ形節については、一律に否定の作用域内に収まらないとしてよいであろう。

(25) a. 結局、A社は入札して、［B社は入札し］なかった。
　　 b. 亀山郁夫のドストエフスキーは、紀伊国屋には第2巻だけあって、［三省堂には在庫が］なかった。

9. モダリティの作用域

モダリティには、「勝ちそうだ」のように連用形接続となるもの、「勝つべきだ」のように不定形接続となるもの、「勝ったようだ」の

ように定形接続となるものがあるので、この3種に分けて検証することにしよう*24。

付帯のテ形節については、全て文末のモダリティの作用域に収まる*25。

(26) a. 彼女なら、[心を許して付き合え] そうだ。
   b. [歯を食いしばってやり抜く] べきだ。
   c. 犯人は、[鉄パイプのようなもので久美子さんを殴って死亡させた] ようだ。

継起は、Aタイプ・Bタイプの別に応じて2種の可能性がある。(27)(28)とも、継起を (a–c) で、原因・理由を (d–f) で挙げるが、結果は同じである*26。

(27) 継起A
   a. 田中なら、[おせっかいに先生のところに行って報告し] そうだ。
   b. [自分の頭で考えて結論を出す] べきだ。
   c. 彼はいつも、[何が適切か考えて人に助言する] ようだ。
   d. あいつは、[自分の残虐さに気付いて苦しみ] そうにない。
   e. 発表の際には、[メモを忘れて困らないようにする] べきだ。
   f. 彼は、[出生の秘密を知って悩んでいる] ようだ。

(28) 継起B
   a. 月に光輪がかかって、[何か奇妙なことが起こり] そうな雰囲気だった。
   b. 正月も三が日が過ぎて、[明日からは仕事を始める] べきだ。
   c. 観測船は閉じ込められていた海域の氷を脱して、先ほどの報告によれば、[ついさっき南極点に到着した] ようだ。
   d. 彼は肝っ玉が座っていて、[そんなことでは怖がり] そうにない。
   e. そんな時は、私のアドバイスを思い出して、[くよくよ

　　　　悩まないようにする］べきだ。
　　f.　直人は、彼女にふられて、［落ち込んでいる］ようだ。
　並列は状況が多少複雑である。下記の（29）のような例では、テ形節が、一見主節末モダリティの作用域内に収まっているように見える。なお、動作述語を用いた場合、「阪神が勝ち進んで、巨人がペナントレースから脱落しそうだ」のように継起の意味に傾斜することが多いので、状態述語の例を挙げる。
（29）a.　彼は、肝っ玉が太くて、男気がありそうだ。
　　b.　大学には、学生用PC設備が完備されていて、無線LANが使える自習室があるべきだ。
　　c.　大英博物館には、宝冠展示室があって、ミイラの展示室もあるようだ。
しかしながら、例えば（29a）において、テ形節が「そうだ」の作用域内に入る解釈では、肝っ玉が太いので男気がありそうだといった原因・理由の意味が感じられ、純粋な並列ではないように思う。つまり、（29a）でのテ形節は、主節事態に対する判断の前提になっているということである。（29b）でも同様の内包が感じられる。（29c）の場合も、宝冠展示室があることは前提となっており、その上で、「ミイラの展示室もあるようだ」と推測する解釈が優勢のように思える。
　つまり、（29a–c）は、次のように構造化されるべきであると考えられるのである。
（30）a.　彼は、肝っ玉が太くて、［男気があり］そうだ。
　　b.　大学には、学生用PC設備が完備されていて、［無線LANが使える自習室がある］べきだ。
　　c.　大英博物館には、宝冠展示室があって、［ミイラの展示室がある］ようだ。
　さて、前節と当節の議論をまとめておこう。○は作用域に入ることを、×は作用域に入らないことを示す。連用形Mは連用形接続のモダリティ、不定形Mは不定形接続のモダリティ、定形Mは定形接属のモダリティを示す。

	否定	連用形 M	不定形 M	定形 M
付帯	○	○	○	○
継起 A	○	○	○	○
継起 B	×	×	×	×
並列	×	×	×	×

付帯と継起 A が1つのまとまりをなし、継起 B と並列がもう1つの類型をなすことが分かる。

さて、上記の結論を基にして、(32)で句構造上におけるテ形節の配置を決定することにしよう。(31)で、それぞれの領域に属する要素を、再び確認されたい。

(31)

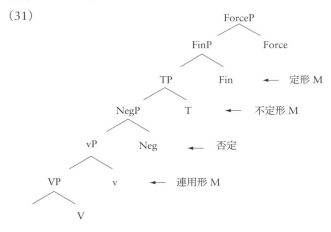

付帯のテ形節と継起 A のテ形節は、v/Neg/T/Fin 位置に生起する全ての要素の作用域内に入るので、v より下の位置、すなわち (32a) の VP 付加位置に生成される（テ形節を α で示す）。一方、継起 B と並列のテ形節は、これらの要素の作用域には入らないので、(32b) の FinP 付加位置に生成されると考えることができる。並列のみ、ラベル付き括弧表示では分かり難いので、樹形図で表示することにしよう*27。(32c) での「&」は、並列（等位節）であることを示すために便宜上入れたものである。

(32) a. [$_{ForceP}$ [$_{FinP}$ [$_{TP}$ [$_{NegP}$ [$_{vP}$ [$_{VP}$ α [$_{VP}$ ... V]] v] Neg] T] Fin] Force]

b. [ForceP [FinP α [FinP [TP [NegP [vP [VP … V] v] Neg] T] Fin]] Force]
c.
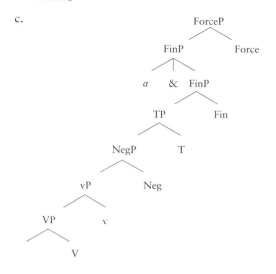

10. テ形節の内部構造（1） 述語的部分の要素

　第10節と第11節では、南（1974, 1993）の重要な研究を背景として、テ形節内に入り得る要素を確認することにより、テ形節の内部構造を明らかにする。南（1974, 1993）にはテ形の文例が少ないこともあり、議論の過程で南とは異なる主張をすることになるが、これが、南の業績をいささかでも損ねるものでないことはぜひとも書いておきたい。

　当節では、南の検証方法に準拠して、述語的部分の要素のうちテ形節に収まる（収まらない）ものを確認する。南（1974, 1993）では、テ形節はA類/B類/C類に割り振られているが、(33)で、南の分類の後に本章での名称を付して示す（(33)の例は南1993による）。ただし、(33e)は、註4で述べた理由により並列に入れてよいかと思われるので、本章での名称は付していない。また、継起A/Bの区分は、テ形節を句構造上のどこに配置するかに関わる区分であり、既に述べてあるように、いずれの意味になるかは文脈や状況に依存するものなので、(33)以降はA/Bの区分を取捨して示す

ことにする。
 (33) a. <u>首をかしげて</u>走る。（A類、付帯）
   b. <u>戸をバタンとしめて</u>出ていった。（B類、継起）
   c. <u>左手で吊革にぶらさがって</u>右手ではそばの子供の体をささえていた。（B類、並列）
   d. <u>かぜをひいて</u>休んだ。（B類、継起（いわゆる原因・理由））
   e. A社はたぶん今秋新機種を発表する予定でありまして、他社の多くもおそらくはそれに対抗する計画を考えることでしょう。（C類）

 (33)において、継起、原因・理由、並列が全てB類にたくし込まれていること、及び、C類の例として（33e）のみが挙げられていることに対する問題点の指摘は、既に註4で述べたのでここでは繰り返さない。本章では、付帯、継起、並列のテ形節について、それぞれの節内に入る要素を確認することにしたい*28。

 使役・受身は全てのテ形節で可能である。
 (34) a. 生徒たちに蛍光ペンを<u>使わせて</u>大事な箇所をマークさせた。（付帯）
   b. 寒風に<u>さらされて立っていた</u>（ので風邪をひいた）。（付帯）
   c. 弟にお土産を<u>持たせて</u>、祖父の家に行かせた。（継起）
   d. 部下に<u>せっつかれて</u>、部長に陳情に行った。（継起）
   e. 筆記試験は大会議室で<u>受験させて</u>、面接は第二会議室で行うよう指示を出した。（並列）
   f. 田中君の発表が10時からに<u>割り振られて</u>、箕輪君の発表も同じ時刻だったので、どちらに行くべきか迷った。（並列）

 次に、「だろう」は全てのテ形節に入らないが、事実は明らかであると思われるのでデータは割愛する。定形の「る/た」ももちろん入らない。「まい」については、「（まさか）食べるまい」のみならず、「（まさか）食べまい」のようなものも、そもそもテ形が存在しない。意志・勧誘の「う/よう」も同様である。

否定については、南は付帯（A類）のテ形節に入らないとしているが、(35a、b) のように言えるものが多数ある。また、(36) のように、継起、並列では南の言う通り可能である（ただし、南は文例を挙げてはいない）。

(35) a. 足をそんなに<u>上げないで</u>走りなさい。（付帯）
　　 b. お前たちは、道端に<u>しゃがみ込まないで</u>仲間と話せないのか。（付帯）
(36) a. 窓を<u>閉めないで</u>、しばらく空気を入れ替えて下さい。（継起）
　　 b. 直之は昔から酒を<u>飲まなくて</u>、多分タバコも吸ったことがない筈だ。（並列）

さて、ここまでの結論をまとめておこう。テ形節に収まる要素、収まらない要素に関して、付帯、継起、並列は全て同じ振る舞いを示すので、この観点からすれば、3種のテ形節の内部構造は同一であることになる。すなわち、3種のテ形節は、句構造上の同じ領域を活性化しているという見通しが立つということである。

11. テ形節の内部構造（2）　述語的部分以外の要素

当節では、述語的部分以外の要素に関して、テ形節内に収まるもの（収まらないもの）を確認する。ただ、名詞句に格助詞や後置詞が付いたものは、全てのテ形節に入ることが明らかなのでデータは省くことにする。

まず、動詞句副詞（南は程度副詞と状態副詞に分けている）については、問題なくテ形節に収まり得る。

(37) a. 藤原は口を<u>かたく</u>結んで黙っていた。（付帯）
　　 b. ビールを<u>一気に</u>飲んで、間髪置かず2杯目を注文した。（継起）
　　 c. 壇上には、花が<u>凛と</u>生けてあって、巨大な国旗が掲げてあった。（並列）

次に、南は、場所と時の修飾語はA類の付帯には入らないとしているが、(38) に見るように、これは明らかに可能であろう。

(38)での場所及び時の修飾語は動詞句副詞なので、(37)での動詞句副詞が可能である以上、理論的にも(38)が可能な筈である。(39)のように、継起、並列ではもちろん収まり得る。

(38) a. 外で冷気にあたって考えた。
b. 叔父の姿が見えたので、木の上で手を振って呼んだ。
c. 数秒間加熱して曲げた。

(39) a. 藤田が{昨日/ホテルで}書類を書いて、それを田中が先生に届けた。(継起)
b. 一昨年は灯篭が表庭にあって、昨年は玄関先にあった。(並列)
c. 社長宅には灯篭が表庭にあって、専務宅には玄関先にあった。(並列)

(38a)の「外で」は、「冷気にあたって」「考えた」の双方を修飾可能だが、(38b)の「木の上で」は、「手を振って」のみを修飾している。「呼んだ」に係るのであれば「木の上から」になる筈である。さらに、時の修飾語である(38c)の「数秒間」では、「数秒間曲げた」とは言えないことに注意されたい。付帯のテ形節事態は、わずかながら主節事態に先行して起こり、それが主節事態と同時並存するので、事態の生起を表す時の修飾語では、「2時半頃ナイフで刺して殺したものらしい」のように、「刺して」「殺した」のいずれを修飾しているか判然としない。が、「数秒間」のような期間副詞を用いて、かつ、動詞のアスペクト特性をも考慮に入れる時、テ形のみを修飾する文例が可能なのである[*29]。

主語については、南は付帯のテ形節のみがこれを許さないとしている。が、第3節で既に述べてあるように、生成文法の枠組みを採る時、付帯のテ形節にもPRO主語が設定されるので、このことが付帯と継起・並列を分ける積極的な根拠とはならないとすべきである。

文修飾副詞についてはどうだろうか。南は、「多分」「まさか」の類はA類・B類とも収まらないが、「実に」「とにかく」「やはり」の類は、A類には収まらないものの、B類では可能としている[*30]。南の言う、前者の「多分」類は真偽判断の文副詞であり、後者の

「実に」類は価値判断の文副詞に相当すると思われるが（文副詞の名称は中右1980による。文副詞の分類については、Jackendoff 1972、Bellert 1977なども参照）、実際には、真偽判断の文副詞や価値判断の文副詞は南の付帯（A類）・継起（B類）とも可能である。

(40) 真偽判断の文副詞
- a. 彼は、先生の前では、まさか足を組んでは座らないだろうが…。（付帯）
- b. これは、恐らくハンマーのようなもので叩いて、球状にしたのだろう。（付帯）
- c. 長兄が、多分、次男をそそのかして、次男がその誘いにのったものと思われる。（継起）
- d. 犠牲者は、兜町のバーで、恐らくホスゲンのような有毒ガスを噴霧されて、バーを出たところで息絶えたのだった。（継起）

(41) 価値判断の文副詞
- a. あいつは、通夜なのに、やっぱり赤い服を着て来た。（付帯）
- b. 何をさておいても、とにかく学部長に報告して、その後で対応策を考えよう。（継起）

(40a, b)の「まさか」「恐らく」は、「座らない」「球状にする」に係っているのではなく、「足を組んで」「叩いて」を修飾していることが見て取れるだろう。また、(40c)の「多分」は、「そそのかして」「誘いにのった」の双方を修飾可能だが、(40d)の「恐らく」は、息絶えたのは既定の事実であるから、「噴霧されて」に係っているのである。

次に主題（南は「提題」と呼んでいる）については、南は、A類・B類双方で不可能としている。確かに、対照主題であれば、継起、並列はもとより付帯でも可能だが、純粋主題はさすがに無理である。

(42) a. 細心の注意は払って読んだんですけど、見落としてしまいました。（付帯、対照主題）

  b. 私は細心の注意を払って書類を読んだ。(付帯、純粋主題)
  c. 私$_i$は［PRO$_i$ 細心の注意を払って］書類を読んだ。

（42b）は（42c）の構造を取り、純粋主題「私は」は「書類を読んだ」に係っている。

12. 第5章後半のまとめ

 使役の「させ」及び受身の「られ」は自由にテ形節内に現れ得る*31。動詞句副詞は、時・場所の修飾語を含め、全てのテ形節内に収まる。つまり、vP内要素（させ）とVP内要素（られ、動詞句副詞）は可能ということである。vPの上にあるNeg主要部の否定もテ形節内に生じることができる。そして、文修飾副詞も全てのテ形節において可能である。（40）（41）で挙げた文修飾副詞はFinP領域内に生じるものとすることができるが、とすると、テ形節では、vP/VP/Neg要素のみならず、FinP内要素が可能という一般化が得られる見通しが立つ。他方、TopP領域にある純粋主題に関しては、全てのテ形節において無理である。

 以上のことを総合すると、テ形節とは、（43）の構造を取るもの、すなわち、FinP領域を活性化している構造であるということになる。

（43）

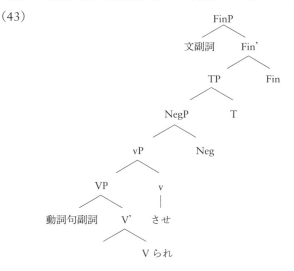

残るのは「テ」を句構造のどこに配置するかである。テの位置に関しては、アスペクト標識としてT位置に置く立場（金水1993）、VP付加構造のテをアスペクト標識とし、TP等位構造のテを等位接続詞であるとする立場（内丸2006）、一律に等位接続詞とする立場（Tamori 1976–1977、ただし句構造上での位置は明示していない）など諸説がある。が、本章での議論を総合すると、過去形「た」の変異体（variant）としてFin位置に配置するのが妥当であると思われる。第5節で論じたように、テは、話者がテ形節事態を主節事態より「先に」認識したことを表す近接過去形式であると考えられる。すなわち、テは、「る/た」が表す定形時制ではないが、定形の「る/た」と同じ位置（Fin位置）に配置するのが妥当であると考えられるのである。

---

*1　本章は、三原（2011b, 2013）に修正を加えたものである。
*2　次の例のように、どの類型に組み込めばよいか迷うものもあるが、すぐ下で述べる理由でこのタイプについては本稿では扱わないことにしたい。
(i)　a.　不良ばかりのこの高校にあって、あの子だけが真面目でよく勉強する。
　　b.　明治に入って、羽根布団の業者がアホウドリを撲殺した。
　　　　　　　　　　　　　　　　　　　　　　（(b) のみ Hasegawa 1996: 208）
Hasegawa（1996）はこのタイプを、文を発話するに際して空間的・時間的な「場（setting）」を導入するものであるとし、'Setting Relation' という名称を付している。このタイプは、「率直に申し上げて」のような、文頭で導入的に用いられるものと平行するように思う。本稿では、このような慣用化したものと同様に、(i) のタイプについては扱わない。
*3　1989aは、新川論文の末尾で、実際には奥田靖雄の執筆なので、今後は奥田名義で引用して欲しい旨の記載があるが、刊行されている名義で引用する。
*4　南（1974, 1993）も4分類なのだが、付帯状況を南の従属節分類におけるA類（テ1）とし、原因・理由をB類（テ3）とするのはよいとしても、継起と並列を一括してB類（テ2）とするのは、他の先行研究の成果を鑑みれば問題があろう。また、C類（テ4）として「たぶん、A社は今秋新機種を発表する予定でありまして、B社も当然なんらかの対抗策をとるものと思われます」（1974: 124、下線は筆者による）のみが挙げられているものの、名称は付されていない。南がこれをC類としているのは、テ形節に主題（「A社は」）が入るからであるが、これは対照主題であり、対照主題は (i) のように文中でも可能なので、文頭への生起を専らとする純粋主題とは別扱いすべきものである。

(i)　太郎は、タワーレコードでビル・エバンスのPortraitsは買ったようだが、Explorationsは買わなかったようだ。

南のテ4は並列に含めてよいであろう。

＊5　また、仁田は、3類4種の大枠を設定した上で幾つかの下位類を設け、3類間のみならず、下位類間の推移状況も綿密に記述している。

＊6　日本語記述文法研究会（2008: 279）は、（1a–d）については標準的分類を踏襲しているが、新たに次の3種を加えている。

(i)　a.　問題が1つあって、父は英語が話せないのである。（前触れ）
　　b.　わかっていて言わないなんて、ひどい。（逆接）
　　c.　参加者は、幹事を入れて8人だ。（順接条件）

前触れは、主節で述べる内容をテ形節で概略的・結論的に頭だしする用法で、本来は、「問題が一つある。父は英語が話せないのである。」（283頁）のように、2つの文に分けて示す内容を1つの文にまとめたものである。これは並列と同様に扱ってよいであろう。また逆接は、テ形の1つの用法とするより、「見て見ぬふりをする」のような複合述語として扱った方がよいと思われる。順接条件については、継起の下位区分として扱えるようにも思うが、完全に収まり切るかどうかは自信がない。

＊7　テ形節に「が」格主語を含むものではないが、仁田（1995: 100）には、付属状況（付帯の下位類）として「京極鴻二郎が全身を朱に染めて倒れていた」という例が挙げられている。

＊8　加藤（1995: 218）は、主節末のモダリティがテ形節にも及び得るかに関して、継起、原因・理由、並列のいずれにおいても、主語の異同にかかわらず振る舞いは同じであると述べている。

＊9　もちろん、例えば継起において、「PRO立ち入り禁止区域に入って、{警備員に叱られた/*警備員が怒った}」（PRO＝話者）のような現象は起こるが、これは、文文法における主語の異同の問題と言うより、談話における同（あるいは異）主語の連続の問題である。

＊10　付帯のテ形が'sequential'であるという指摘はNakatani（2013）にも見られる。中谷は、[よく[ステッキを携えて]散歩したものだ]（59頁）という例を挙げ、スティックを持つ行為がまず起こり、その後で歩くという事象が生じると述べている。

＊11　原因・理由では、「*財布を家に忘れて、そしてそれから非常に困った」（吉永2008: 10）のように「そしてそれから」が言えないが、これは、このような文では時間的先後関係が表現の焦点とはなっておらず、原因→帰結を表すのが無標だからである。原因・理由でも、時間的先後関係を読み込みたい場合は、(i) などが言えることに注意されたい。

(i)　仕事で失敗した時は、私の助言を思い出して、その後でくよくよ悩まないようにしなさい。

ただ、原因・理由における先後関係が実際の事態の生起順序と異なることはあり得る。

(ii)　4時から用事があって来ました。　　　　　　　　（加藤1995: 221註4）。

この例では、来た後に用事を済ますのである。このことは、当節で後に述べるように、何をテ形節で述べたいかという「話者の認識行為」との関連で極めて

重要な論点を提示する。

*12 内丸は、「しか…ない」表現が付帯では可能だが、継起、原因・理由、並列では不可能としている。付帯と並列については内丸の言う通りだが、継起及び原因理由では「しか…ない」表現が十分に可能である（下記の文例は筆者による）。
(i)　a.　最近の若者は、道端に座ってしか仲間と話せない。（付帯）
　　b.　あいつは、タバコは人にもらってしか吸わない。（継起）
　　c.　田中先生は、編集者にせっつかれてしか原稿を書かない。（原因・理由）
　　d.＊上の娘が学校に行ってしか、次男は保育所に行かない。（並列）

ただ、テ形を用いた「しか…ない」構文は、恒常的・習慣的動作に偏する傾向が強く、一回性動作を表す「た」形では落ち着きが極めて悪いようである。ちなみに、内丸（23–24頁）が挙げている例はすべて「た」形のもので、かつ、一回性動作解釈のものである。

*13 テイル形のテに、過去性あるいは完了性を認める見解は、これまでも提出されてきた。例えば國廣（1982: 15）は、テイルは、「何かが完了（あるいは実現）した結果が継続中」であることを指すとしている。また、金水（1993）は、テに完了アスペクト性を認め TP 主要部の T 位置に配置している。

*14 (11a) の類例を挙げておく（文例は Hasegawa 1996: 182–183）
(i)　a.＃マキが立ち上がって窓が開いた。（cf. マキが立ち上がった。窓が開いた。）
　　b.＃子供が会場に着いて講演が始まった。（cf. 子供が会場に着いた。講演が始まった。）

(ib) は、「講師が会場に着いて講演が始まった」（Hasegawa 1996: 183–184）のように、偶発的でない読みにすると文法的になる。

*15 「狩人であって、同時に漁夫でもあった」と言う時、「漁夫である以前に狩人だった」という内包が感じられる。また、「でもあった」の「も」の関与も見逃せない。「も」がない場合、筆者は多少の落ち着きの悪さを感じる。

*16 連用形は口語体ではあまり用いられないので、(12b) は、インフォーマルな文章、例えばブログの文章のような印象を与える。

*17 新川は、(13c) には［テ形］＋［連用形＋テ形］＋定形動詞のパターンもあるとして、(i) を挙げている。
(i) 新子は地面にしゃがんで、そのゲタをひざの上にひろいあげ、手ぬぐいをこまかくかみさいて、鼻緒をすげだした。（170頁）

しかし、これは、(13c)(A) のパターンではないかと思われる。

*18 テ形節を事態生起の時間軸に沿わない形で並べることも可能である。次の (ia) は、顧客のアルファベット順に支払いを確認している発話で、話し手が先に認識した事態をテ形で表すことを如実に示している。この時、(ib) のように連用形を用いると、極めて落ち着きの悪い文が生じる。
(i)　a.　阿部さんは明日払って、坂東さんは先週払って、壇さんは来週払って、遠藤さんは昨日払いました。（Hasegawa 1996: 15）
　　b.＊阿部さんは明日払い、坂東さんは先週払い、壇さんは来週払い、遠藤さんは昨日払いました。

*19 むろん、テ形を連続させても落ち着きの悪い文が生じるが、これは要するに、認識的に過去としてまとめる際に、細分化しすぎるなといった原則が働くからであろう。

*20 (14b) での [ ] は、付帯・継起・並列といった用法のタイプに基づく区分けではなく、認識作用としての区分けを表している。

*21 ただし、テ形節事態と主節事態が別の時間に生起する次のような文もあり、「共立並存」という特徴付けには些かの注意が必要である。
(i) a. 入学試験が三日に行われて、修了試験は五日に行われる。
　　b. 息子は明後日帰って来て、娘は明日帰って来る。(仁田 1995: 125)
このようなタイプには、テ形節事態と主節事態が「組」になっているという特質がある。従って、より正確に言えば、テ形節事態と主節事態が「1つの事象として共立並存する」ということだろう。

*22 日本語の時制形式「る/た」にも認識性が張り付いていることは、本書の第4章で論じたように、いわゆるムードの「た」(「どいた!どいた!」など)、発見の「た」、従属節時制、物語文の時制などにも見て取れる。

*23 以下、主節末の否定辞・モダリティの作用域を鉤括弧で示すと共に、それらの作用域内に入るテ形節に下線を付して示す。

*24 連用形接続のモダリティには、他に希望の「たい」、意志・勧誘の「よう」などがあり、定形接続には「らしい/かもしれない/(伝聞)そうだ」などがある。なお、日本語における不定形 (infinitive) については第6章で述べるが、「商売{する/*した}(かたわら)」「振り{*向く/向いた}(とたん)」のように、「る」形あるいは「た」形のみが容認されるものを念頭に置いている。

*25 吉永 (2008) のテ2 (付帯のうち「ながら/まま」などで書き換え可能なもの) も (26) と同じ振る舞いになる。
(i) a. あいつなら、[ウソ涙を流して謝り] そうだ。
　　b. [講師の言うことをよく聞いてメモを取る] べきだ。
　　c. この料理は、どうも、[よくかき混ぜて煮た] ようだな。

*26 (27f)(28f) は、そこで示したものとは逆に、それぞれ、[出生の秘密を知って][悩んでいるようだ]、[[彼女にふられて落ち込んでいる] ようだ] という解釈も可能である。つまり、継起A読みになるか、継起B読みになるかは文脈や状況にも依存するということである。(28e) も2通りの作用域解釈が可能であろう。

*27 テ形節の句構造上での位置を明確に論じたものは、管見によれば、Tamori (1976–1977)、内丸 (2006)、吉永 (2008) を数えるのみであろう。(32) で示したものは、これらの文献とは構造化が異なる部分があるが、本書との異同を詳細に述べるのは避け、簡単に述べるに留めたい。

　Tamori (1976–1977) は、テ形節が従属節構造をなすとした上で、テを従位接続詞であるとしているが、意味類型の差に基づく構造の違いについては詳細には論じていない。他方、吉永 (2008) は、付帯と継起をVP付加、因果をTP付加、並列をTP等位としており、本書と類似する点がある。そして、内丸 (2006) は、付帯をVP付加、継起、原因・理由、並列をTP等位としている。

*28 南が挙げている授受表現と尊敬表現は、南の検証でも全てのテ形節に収まるという結果が出ているが、これらは複合動詞形成として別に論じるべきでは

ないかと思われる。また、丁寧形（「ます」形）については、句構造上での位置付けに関して筆者の考えが確定していないので、その扱いは後日に期したい。
＊29 南（1993: 117）では、下記のように、連用形を伴うA類の「ながら節」で場所の修飾語を伴う例があったことが報告されているが、これは、テ形節においても一般的な現象であろう。下記例を「にじませて」「うずくまって」としても正文が得られる。
(i) a. 額に汗をにじませながら
    b. その中でじっとうずくまりながら
＊30 南は、「多分」「まさか」類はC類では可能としているが、註4で述べたように、C類のテ形節は他のテ形節と区別する根拠が薄弱であると思われる。
＊31 下の（43）で示すように、本書では、三原（2004）及び三原・平岩（2006）に従い、「させ」は小動詞vが音形を取って具現したもの、（直接）受身の「られ」は語彙的動詞Vの接辞と考えている。

第6章
不定形

1. はじめに

　本書で不定形（infinitive）と呼ぶものは、「る」形あるいは「た」形で現れるが、「る」形が「た」形と、あるいは「た」形が「る」形と交替しない次のようなものである＊1。
(1) a.　統合が実現すると（＊実現したと）
　　b.　商売するかたわら（＊商売したかたわら）
　　c.　下を向いたきり（＊下を向くきり）
英語では、例えば to swim のように不定形が to を伴って現れ、定形（swim/swam）や動名詞（swimming）などとは形態が異なるため、'infinitive'という用語が遥か以前から定着している。しかし日本語では、恐らく、不定形の「実現する」や「向いた」などが定形と同形だという理由で、不定形の存在が認められてこなかった（と言うより、不定形の是非を論じるということさえ、念頭に上がってこなかったと言った方が正確かもしれない）。しかし、そうであれば、同形となる連体形と終止形を峻別するという考え方は、そもそも浮上してこない筈であろう。が、日本語の姿を虚心に見つめてみると、不定形としか言いようのない存在が浮かび上がってくる。まず、不定形の認定基準から始めよう。
　本書では、日本語における不定形の認定基準を、次のように設定する＊2。
(2) a.　従属節中に現れる（のが原則である）。
　　b.　「る」または「た」の形しか取らず、「る」→「た」、「た」→「る」の交替がない。
　　c.　不定形節事態が発話時にも主節時にも投錨しない（ものが多い）。

        d.　断定を有さない。
以下、これらのことを具体的に示していくことにしよう。

   2. 形式に依存する不定形

　本書では、不定形とは、共起する「形式」に依存する活用形であると考える。ある形式が不定形を要求すると考える訳である（下記の（3）〜（5）で、依存する形式に下線を付して示す。これらの例は福原 2010: 91–95 から借用した）。例えば（3a）であれば、「かたわら」という形式が、前接する動詞に「る」形となる不定形を要求し、（4a）であれば、「末」という形式が、前接する動詞に「た」形となる不定形を要求する。なお、不定形を要求する形式には（3）〜（5）で示す以外のものもあるので、下記は1つの「サンプル」であると理解されたい。例えば、評価のモダリティ表現以外にも、「幸いにも座る<u>ことができた</u>」「統合が実現する<u>と</u>」なども、これらの形式に前接する動詞に不定形を要求するものである*3。
   (3) 個別的事象を表す不定形（「る」形）
        a.　商売する<u>かたわら</u>学校にも通った。（cf. 商売のかたわら）
        b.　経済が発展する<u>とともに</u>需要が伸びた。（cf. 発展とともに）
        c.　執筆する<u>にあたって</u>は、皆に協力してもらった。
        d.　恥をかく<u>ぐらいなら</u>死んだ方がマシだった。
   (4) 個別的事象を表す不定形（「た」形）
        a.　よく考えた<u>末</u>で回答しよう。
        b.　下を向いた<u>きり</u>、何も言わなくなる。
        c.　探した<u>あげく</u>みつからないこともある。
        d.　振り向いた<u>とたん</u>殴られるよ。
   (5) 後続するものが評価のモダリティ表現である不定形*4
        a　あの申し出は引き受ける<u>べき</u>だった。（*引き受けたべきだった）
        b.　引くに引けず、やり通す<u>しか</u>なかった。（*やり通した

c. 夜中だったが、部長に連絡する必要があった。(*連絡した必要があった)

d. わざわざ教えてやるまでもなかった。(*教えてやったまでもなかった)

　(3a)の「商売する」や、(3b)の「発展する」に定形テンス性がないことは、cf. で示したように、「商売」や「発展」といった動名詞で置き換えられることからもそれと知れる。また、(3)での「る」形が「た」形に、そして、(4)での「た」形が「る」形に、それぞれ書き換えられないことを確認されたい。

　ところで、(5)における不定形と後続するモダリティ形式を含む構造は、一体どのようなものになるのだろうか。管見によれば、井上(1976)などを除き、積極的な提案はこれまでなされてこなかったように思えるが、例えば(5a)で、「引き受ける」と「べきだった」の双方にT(テンス)を設定し、従って、(6)のような埋め込み文構造を設定する方法は、(5a)は単文構造であろうという日本語母語話者の直感を捉えていないと思われる。

　(6) [TP [TP あの申し出は引き受け [T る]] べきだっ [T た]]

　これに対して、本書では次の構造を設定する。「引き受ける」などの「る」を不定形としてT位置に配置し、「べきだ/べきだった」などを、定形テンスを担う要素としてFin位置に配置するのである。

　(7)

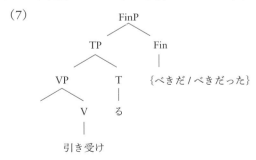

　この構造は、英語のJohn could do itなどでのcould(Fin要素)/do(Tと融合したV要素)に対応するものであるが、単文構造となることに注意されたい。

3. 不定形とテンス素性

(8) で見るように、連用形節は主節のテンスが示す時点を基準としてテンス解釈が決まるが、「た」形を取らなくても過去テンス解釈となることが重要である。

(9) a. ［お茶を<u>飲みながら</u>］話しました。
    （付帯）主節時と同時
  b. 私は［部下に<u>せっつかれ</u>］部長のところに陳情に行った。
    （継起）主節時以前
  c. ［娘はパティシェの<u>見習いになり</u>］息子は法学部に進学した。
    （並列）主節と同時併存あるいは主節時以前

すなわち、連用形節は独自の定形テンス値を持たず、その意味において［－Tense］素性を持つとしてよいであろう。

それに対して不定形節は、後続する形式に依存してテンス解釈が決まるので、形式が要求するテンス値に染まるテンス素性を持つと言えよう。これを［α Tense］素性と表示することにしよう。

(9) a. ［彼が<u>来ると</u>］、いつも会議が荒れた。
  b. ［<u>執筆するにあたっては</u>］皆に協力してもらった。
  c. ［いくら意見を<u>言ったところで</u>］誰も聞いてくれないよ。

(9a) での「と」節事態は、過去形を取る主節時以前であるにもかかわらず「る」形となっている。つまり、「と」節におけるテンス計算の投錨は、主節時に対してなされているのでもないし、まして や発話時に対してなされているのでもない。(9b) はさらに興味深い。鉤括弧部分の事態と主節事態の生起関係は、次の3通りの可能性が考えられる。

(10)　　　(a) 執筆する　　(b) 執筆する　　(c) 執筆する
　　　　　　　　　　　　協力してもらった

(b) は、執筆している最中に協力してもらったことを、(c) は、執筆する前に協力してもらったことを表している。それに対して (a) は、多少状況に依存するが、本論を執筆した後で、例えば索引を付

けるなどで協力してもらったことを表している。このうち（b）は主節時視点による絶対時制、（c）は主節時視点による相対時制とも捉えられるが、（a）は、（9a）の場合と同様に視点の設定ができず、「にあたって」という形式が「る」形を要求するとしか言いようがない。そして（9c）では、「言った」と「聞いてくれない」の同時解釈が可能であるにもかかわらず、鉤括弧部分が「た」形になっていることに注意されたい。

4. 断定

R. Lakoff（1969）は、英語の付加疑問文が、断定（assertion、本書の観点で言えば叙法断定）を有する部分から形成されることを指摘した（(11) は R. Lakoff の例を参考にした。また、Hooper and Thompson 1973, Hooper 1975 も参照）。

(11) He supposes the Yankees will lose again this year, { doesn't he?/won't they}?

従属節を含む場合、付加疑問は通常主節から作られ doesn't he? となるが、従属節にも断定があり得る場合、従属節から作られ won't they? となることも可能である。これは、上例において、この文の話し手の最も述べたい部分（断定のある部分）が、主節の he supposes である場合もあるし、従属節の the Yankees will lose again this year である場合もあり得るからである。

同様の論点は日本語でも確認できる。「〜ね、そうだろう？」という表現を用いてこれを見ておこう。この表現は、文命題の可否を聞き手に確認する機能を持っている。

(12) a. 太郎は宝くじに当たったんだね、そうだろう？
　　 b. ［太郎は［宝くじに当たった］と言ったんだ］ね、そうだろう？
　　 c. ［太郎は［当たりくじを捨ててしまった］ことを後悔している］ね、そうだろう？

独立文の（12a）では、「ね、そうだろう」が対象とするのは、「宝くじに当たった」の部分であり、ここを聞き手に確認している。

(12b)は、英語の(11)に対応するもので、主節・従属節双方に断定が宿り得る。そのことに応じて、「ね、そうだろう」が、主節の「言った」を確認する解釈の他に、「と」節の「宝くじに当たった」の部分を確認する解釈も可能である。他方、(12c)では、「当たりくじを捨ててしまった」ことが発話の前提とされており、前提部分には通常は断定が宿ることができない*5。その結果、「ね、そうだろう」が「後悔している」の部分を対象とすることになる。

では、不定形節ではどのようなことが起こるだろうか。鉤括弧部分に極端な強調イントネーションを置かない場合を考えよう。

(13) a. 彼は［商売するかたわら］学校にも通ったんだね、そうだろう？
b. ［経済が発展するにともない］電化製品の需要が大幅に伸びたんだね、そうだろう？
c. ［執筆するにあたっては］皆に協力してもらったんだね、そうだろう？。

筆者の判断では、鉤括弧部分は主節事態の背景となっており、「ね、そうだろう」が確認しているのは主節部分である。このことは、不定形節には（叙法）断定が宿らないことを示している。第3章で詳しく見たように、叙法断定は定形テンスを有する節（FinP以上の節）に宿る。とすれば、不定形は定形テンスを持たず、かつ「る」形・「た」形が決定する節、すなわちTP領域を活性化する活用形であると言えよう。

そして、上記の論点と連動するが、不定形節には、発話行為の文副詞（ForceP領域要素）はもちろんとして、価値判断・真偽判断の文副詞（FinP領域要素）も入らないのである。条件の「と」節でこれを見ておきたい。

(14) 価値判断・真偽判断の文副詞
a. *［残念ながら、合併吸収が成功しないと］本部長のクビが飛ぶ。
b. *［ひょっとして彼が来ないと］会議が平穏だ。

(15) 発話行為の文副詞
a. *［あなたが、率直に言って、記者会見に出ると］我々が

　　　　　　困るんです。
　　　b. *［つまるところ、両大学が統合すると］日本最大の国立
　　　　　　大学になります。
条件の「と」節については、次節でもう少し詳しく見ておきたい。

5．条件の「と」節

　前節で述べたように、不定形節には叙法断定が宿らないが、条件の「と」節において、断定を「仮定する」ことは可能である[*6,*7]。
（16）a．それが事実だと大問題だ。
　　　b．この予知データが正しいとすると中近東が危ない。
（16a）では、事実だと仮定された断定を基に、大問題だという判断がなされている。（16b）でも、正しいと仮定された断定の上に、中近東が危ないという判断を導いている。このように、条件の「と」には、完全な判断のパラダイムではないものの、「判断の芽生え」があると思われるのである。このことに付随する現象は多々見られる。
　三宅（2011）が命題確認の要求を表すとしている「ではないかⅡ類」も「と」節において可能である[*8]。
（17）a．小室はこのことを知らなかったのではないか。
　　　b．仮にこの仮説が正しいのではないかとしてみましょう。
　　　　　　するとこんな問題が生じてきます。
　　　c．*仮にこの仮説が正しいのではないか｛れば／たら｝…
確認するまでもないであろうが、この「ではないか」は、条件の「れば／たら」節では不可能である。
　さらに、「と」節には、「れば／たら」節では不可能な推量の「う／よう」も可能である[*9]。
（18）a．どれほどに文明が高度化し、人の叡智が進もうと、人
　　　　　　間の敵は人間であるということだけは変わらないのだ
　　　　　　ろうか。
　　　　　　　　　　　　　　　　　　　　　（三宅2011:236）
　　　b．親会社が無理難題を言ってこようと、最も基本的な信

念は曲げるべきではない。

　そしてまた、「と」節は、「れば/たら」節とは異なり、(19a, b)のような「よう」も可能である。

(19) a.　私が参加し<u>よう</u>と、大勢は変わらないだろう。
　　 b.　僕が説得し<u>よう</u>と、彼は行動を改めないよ。
　　 c.　仮にあいつが反対し<u>よう</u>と、私はやるつもりだ。
　　 d.　*仮にあいつが反対し<u>よう</u>{れば/たら}、私はやるつもりだ。

(19a, b)の「よう」は、古典語「む」の残存であると思われ、現代語では多分に慣用的表現であるが、(19c)のように「仮に」を付け得るので、証拠性の「よう」ではなく、「食べ<u>よう</u>とする」のような「開始意図」を表すモダリティであると考えられる。また(20a, b)のように、動作主以外では非文となることから、「意図」を表すものであることが分かる。

(20) a.　*氷が割れようとした。
　　 b.　*電車が到着しようとした。

ただし、(19c)のように第三者(「あいつ」)の意図も表し得るが、これは、「と」によって第三者の開始意図を「仮定」しているものであろう。

　「と」節は、否定意図の「まい」を許すという点でも、「れば/たら」節とは異なる*10。

(21) a.　オレが行こうと行く<u>まい</u>と、お前の知ったことじゃないだろう。
　　 b.　私が黙秘しようとする<u>まい</u>と、警察は冤罪をでっちあげるにちがいない。
　　 c.　あの先生は、学生が分かろうと分かる<u>まい</u>と、おかまいなしに講義をする。
　　 d.　*オレが行こうと行く<u>まい</u>{れば/たら}、お前の知ったことじゃないだろう。

　ただし、「と」節には、(22)のように他の認識のモダリティは収まらないし、(23)のように文副詞も不可能なので、終止形が持つような完全な判断のパラダイムがある訳ではない。

(22) *巨大台風が上陸する {かもしれない/らしい} と、海岸沿いは浸水の恐れが高い。
(23) a. *福井先輩が幸いにも来てくれると、参加者は大喜びするだろう。
   b. *先生が確かにコメンテイターを務めてくれると、シンポジウムは成功するだろう。

6. 談話修復

談話修復については第1章で論じたが、当節でもう少し見ておくことにしよう。

自明と思われるので例文の提示は省くが、不定形節には、使役「させ」、受身「られ」、場所句「梅田駅前で」、時間句「先月末」など、動詞句要素（vP/VP要素）は自由に生起する。他方、主題や認識のモダリティは不可能である。文副詞については第4節で検証したが、もう一度観察しておくことにしよう。

(24) 主題（TopP要素）
   a. *[彼は商売するかたわら] 大学院にも通った。
   b. *[彼は（いつも）下を向いたきり] 何も言わなくなる。
(25) 文副詞（FinP要素）
   a. *[明らかに中産階級の所得が増えるにともなって] 電化製品の需要が伸びた（のだ）。
   b. *[たぶん、振り向いたとたん] 殴られるよ。
(26) 認識のモダリティ（FinP要素）
   a. *[写真集を刊行するかもしれないにあたっては] 資金を貯めておく必要があった。
   b. *[よく考えたにちがいない末で] 回答すべきだ。

しかしながら、不定形節はかき混ぜ句を許す。かき混ぜ句はFocP指定部に生起する要素なので、このことは、不定形節はTP部分を活性化する活用形であるという主張に反するように思えるだろう。

(27) a. 歴史に残るバトルを、コルトレーンが5スポットでモ

　　　　　ンクと繰り広げている最中に …
　　b.　郊外型ショッピングモールに、大手資本がターゲットを絞るにつれて …

　この現象は次のように考えられる。ここに、ある談話特性があるとする（例えば、焦点化）。そして、この談話特性が、TP 部分を活性化している節構造に適用されたとしよう。この時、件の TP は、焦点化される要素を受け入れようとして、非活性化している部分に矯正を加え、FocP を活性化しようとする。この過程を「談話修復（discourse repair）」と呼ぶ。談話修復が生じるのは、読んで字の如く、焦点化のような「談話」特性が関与する場合だけであると考えられる*11。

　さて、範疇が不活性化するとき、一体どのようなことが起こるのだろうか。このことを考えるに当たっては、テンスとの関連を考慮に入れる必要があるように思われる。

　まず、付加や Edge 位置を介さず節境界を越える移動が可能となる。これが、[John$_i$ seems [$_α$ t$_i$ to be happy]] などの上昇（Raising）構文で起こる現象である。よく知られているように、不定詞を含む α 節は CP ではなく TP 構造を取り、痕跡位置にあった John が主節の主語位置に上昇する。従属節構造は、本来的には CP であるとすれば、ここにおいて CP の不活性化が起こっていることになる。そしてその結果、かき混ぜ操作の場合のような付加位置や、WH 移動の場合のような Edge 位置（[Spec, CP] 位置）を介さず、従属節主語（John）が主語位置に移動し得る。

　次に、節境界を越えての格付与が可能となる。[John believes [$_α$ her to be happy]] などの ECM 構文において、主節動詞 believes が、節境界 α を越えて従属節主語 her に対格を付与する（三原 2004）。このときの α も TP である。あるいは、従属節主語が主節の小動詞（v）と Agree 関係に入ることによって、対格素性照合が遂行されるという枠組みを採っても、主節の「直接的」関わりという点では変わりがない。

　その他にも、日本語の目的を表す「に」節やイタリア語において起こるとされている節の再構造化（restructuring）や、橋梁動詞

(bridge verb）で起こる COMP 削除の結果としての否定辞移転（negative transportation）といった現象も、範疇の不活性化に伴う現象と捉えられるかもしれない。さらに、小節（small clause）では主節と従属節間の意味的関連性が濃厚化する（Banfield 1982）といった、語用論的な現象もこれに含められるかもしれない。

7. 不定形節と作用域解釈

当節では、「だけ」句と否定辞の作用域解釈を論じる。第 2 章で既に述べたように、「だけ」が否定辞より広い作用域を取る解釈（「だけ＞否定」と表記する）は、「だけ」句が特定解釈となる場合であり、「だけ」句と否定辞の作用域の相互作用にとって重要なのは、否定辞が「だけ」より広い作用域を取る解釈（「否定＞だけ」と表記する）があり得るかどうかである。「だけ」句が特定解釈となる場合は、例えば「花子は太郎を招待しなかった」において、特定名詞句「太郎」と否定辞の間に作用域の相互作用がないのと同様、作用域解釈の検証にとっては無関係だからである。

当節の分析でもう 1 つ前提とする事項は、移動が生じている場合、作用域解釈は移動の着地点において計算されると仮定することである*12。かき混ぜが適用された次の文を見られたい。ここでは「ず」が否定辞である。

(28) 総務課だけに、昨日、その事務官は招集をかけず（帰宅してしまった）。

(28) では、「否定＞だけ」の作用域解釈、つまり「招集をかけたのは総務課だけではない、財務課にも召集をかけた」のような解釈が得られず、「招集をかけなかったのは総務課だけ」という「だけ＞否定」の解釈しかない。上で述べたように、後者の解釈は「だけ」と否定辞の作用域の検証から除外する解釈である。

ここにおいて、「だけ」句と否定辞の作用域解釈が、「だけ」句及び連用形動詞の移動の着地点において計算されると考えると、(28) の作用域解釈が説明されることに留意されたい。「だけ」句は FocP 指定部が着地点であり、そして、連用形動詞「かけ」は、

vを経由して「ず」が存在するNeg主要部に着地する。

(29) [$_{FocP}$ 総務課だけ … [$_{NegP}$ [$_{Neg}$ かけ-v-ず]] …]

ここで、否定辞が「だけ」句をc統御しておらず、従って、「否定＞だけ」解釈がないことが見て取れるだろう。

さて、以上のことを前提として、不定形節の場合を見よう。主語がTP指定部に着地する受動文、「〜だけが…Vられない」の文で検証することにしよう（不定形を要求する「形式」に下線を付して示す）。

(30) a. すったもんだの末、役職者だけが罷免されない<u>始末</u>だった。
　　 b. 辰野派の議員だけが意見を求められない<u>中</u>で会議運営に協力することはできない。
　　 c. 日本人だけが入場を許可されない<u>どころか</u>、会場に近づくことさえできなかった。

ここで、「否定＞だけ」の解釈が得られないのは、次の構造において、矢印の経路を辿ってT位置まで移動した否定形述語が、「だけ」句をc統御していないことによる。

(31)

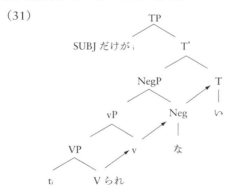

8. 日本語の動詞移動

さて、本書におけるここまでの議論は、日本語に動詞移動が存在することが前提となっていた。しかしながら、日本語における動詞移動については、存在すると考える立場と、存在しないと考える立

場が拮抗しており、現在までのところ決着がついていない状況にある。筆者は、日本語には動詞移動があると考えているが、以下、この問題について論じておきたい*13。

英語（あるいはフランス語）における動詞移動については、古くは Klima (1969) があり、現在でも影響力の大きい Emonds (1978) の論考もあったが、議論が本格化したのは Pollock (1989) 以降である。Pollock は、英語では一般動詞が否定辞・動詞句副詞の左に生起しないのに対して、フランス語ではこれが可能なことから、英語の一般動詞は VP 内の元位置に留まり、フランス語の一般動詞は T 位置まで動詞移動するとした。

(32) a.　* John likes *not* Mary.
　　 b.　* John kisses *often* Mary.
　　 c.　Jean (n')aime *pas* Marie.
　　 d.　Jean embrasse *souvent* Marie.

(33)　[TP SUBJ T Neg [VP VP-Adv V ...]]

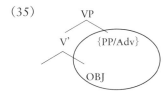
フランス語

しかし、Larson (1988: 345) の (34a) と Johnson (1991: 584) の (34b) のデータは、Pollock の結論と一見矛盾することになる。

(34) a.　John sent [VP [VP a letter to *Mary*] and [VP a book to *Sue*]].
　　 b.　Chris ate [VP [VP the meat *slowly*] and [VP the vegetables *quickly*]].

等位構造には、構成素をなす要素が等位接続されるという制限があるが、(34a) での目的語＋前置詞句、(34b) での目的語＋副詞は、(35) に見るように構成素をなしていない。

(35)

そこで彼らは、全域適用（across-the-board application）によって、

両等位項中の動詞が（36）のようにVP外に移動し、その結果残る痕跡＋目的語＋｛前置詞句／副詞｝が、((36)において□で囲んで示す）内側のVPという構成素をなすと分析したのである。

(36) ... V$_i$ ... [$_{VP}$ [$_{VP}$ t$_i$ OBJ {PP/Adv}] and [$_{VP}$ t$_i$ OBJ {PP/Adv}]]

これは、英語の一般動詞がVP内の元位置に留まるとしたPollockの結論と一見矛盾する。

しかしながら、動詞句副詞がvP領域に生起してもよいとすれば、(37)のように、Vが小動詞vまで移動すると考えることで解決が可能である。

(38) ... Neg ... [$_{vP}$VP-Adv [$_{v'}$v [$_{VP}$V ...

とすると、英語においても（短い）動詞移動があることになる（Chomsky 1995も参照）。他方、アラビア語・アイルランド語などのVSO言語、ドイツ語・オランダ語などのVerb Second (V2) 言語では、VがCまでの（長い）動詞移動を行うことが確認されている。つまり、動詞移動は、恐らくどの言語にも普遍的に存在すると考えるのは故のないことではないであろう。

フランス語では、Vが否定辞・動詞句副詞を越えることから、動詞移動の存在が証明された。しかし、主要部後置型言語である日本語においては、動詞移動が存在するとしても、(38)のようにVが動詞句副詞を越えることがなく、また、否定辞(-na)が拘束形態素であることから、否定辞を越える移動もない。

(38) [$_{TP}$SUBJ [$_{vP}$VP-Adv ... V] Neg T]

従って、Pollockとは別の論点で動詞移動の存在を論証する必要があるのだが、Koizumi (1995, 2000) は、かき混ぜ文、分裂文、等位接続を用いて、日本語ではVがC位置まで顕在的に移動すると結論付けた。これに対して、Takano (2002)、Fukui and Sakai (2003)、青柳 (2006) など、主として分散形態論（Distributed Morphology）の観点からの反論があり、現在までのところ決着が付いていない。しかし、小泉の論点のうち、かき混ぜ文と分裂文に

関しては、上記の文献でも指摘されているように、動詞移動の存在を積極的に証明する手段としては不十分であると思われるので、以下では、等位接続の論点に特化して、この構造が、日本語における顕在的動詞移動の存在に示唆を与えることを見ておこう*14。

　小泉の主論点は次の２点にある。①VP等位構造からVが摘出される例から、VはVPより上、少なくともT位置まで移動していることが分かる。②TP等位構造からVが摘出される例から、VがC位置まで移動していることが分かる。以下、これを順に見ていこう（IO＝間接目的語、DO＝直接目的語、Q＝数量詞）。

(39) a.　メアリが［［ジョンにリンゴを２つ］と［ボブにバナナを３本］］あげた（こと）。　　　　（Koizumi 2000: 228）
　　 b.　SUBJ [$_{VP}$ [$_{VP}$IO DO Q t$_v$] Conj [$_{VP}$IO DO Q t$_v$]] V-T

(40) a.　［［メアリがリンゴを２つ］と［ナンシーがバナナを３本］］食べた（こと）　　　　　　　（同上、230頁）
　　 b.　[$_{TP}$ [$_{TP}$SUBJ OBJ Q t$_v$] Conj [$_{TP}$SUBJ OBJ Q t$_v$]] V-T-C

(39a)(40a)の文を構造化した(39b)(40b)を見られたい。(39b)では、動詞の痕跡（t$_v$）を含む構成素VPからVが全域摘出されているので、Vの着地点は少なくともT位置である。一方、(40b)では、構成素TPからVが摘出されているので、V-Tの着地点はC位置である。

　このデータは、顕在的な動詞移動が日本語に存在することを示唆するが、Fukui and Sakai (2003: 346) の指摘する次の例は、その扱いに慎重さを要する。

(41) 母親が［花子にリンゴ（を）３つ］と［久美子にバナナ（を）２本］のおやつをあげた。

ここにおいて、「のおやつ」が介在するので、福井・酒井が指摘するように動詞移動とに無関係である。とすれば、(39)(40)での［　］部分が動詞の痕跡を含む構成素であるという小泉の議論が根拠を失うことになる。この問題に対しては、とりあえず今の段階としては、下記のような右枝節点繰り上げ（right node raising）を仮定することにしておきたい。

(42) 母親が［花子にリンゴ３つのおやつ］と［久美子にバナナ２本のおやつ］をあげた。

　他方、Sakai (1998)・Aoyagi (1998) は、取り立て詞を用いた議論で、日本語には動詞移動が存在しないと主張している。酒井・青柳による議論のエッセンスは次のようにまとめられる。①取り立て詞は副詞として機能する動詞句付加詞（VP-adjunct）である。②動詞句付加詞は通常、主要部移動を阻止しない（例えば、フランス語の Jean embrasse souvent t_v Marie において、動詞は、動詞句付加詞の souvent を越えて左に移動する）。③しかし、日本語の取り立て詞は動詞移動を阻止し、その結果、T位置に残るテンスを救うために「する」（括弧内の例における「した」）が挿入される（「ジョンはリンゴを食べ｛も／さえ／だけ｝した」）。④従って、日本語には動詞移動は存在せず、動詞とテンスの融合は形態的併合（morphological merger）によってなされる。

　しかしながら、彼らの議論は、「動詞語根がTまで移動すると仮定すると矛盾が生じる」ということが暗黙の前提となっている。ところが、上例中にある動詞「食べ」は連用形であり、本書の分析ではV→vまでの動詞移動しか果たさない。従って、T位置に残留するテンスを救うために「する」が挿入されるのである。そして実際、取り立て詞が存在しない「ジョンがリンゴを食べた」では、動詞移動によっても、形態的併合によっても同様に説明可能なので、彼らの分析の優位性を示すことにはならないのである。

9. 動詞移動の意味的効果

　動詞移動は、恐らく、どの言語にも普遍的に存在すると思われるが、問題はその移動が「どこ」で遂行されるかである。Chomsky (2001: 37) の発言がこれを浮き彫りにする。

> 'semantic effects of head raising in the core inflectional system are slight or nonexistent, as contrasted with XP-

movement'

この発言は、動詞移動を含む主要部移動には移動に伴う「意味的効果」がないので、狭義統語論（narrow syntax、心的辞書からインターフェイス（PF/LF）に至る統語計算機構）から除外し、PFで適用するという主旨であると理解される。Chomskyのこの発言を受けて、この後、主要部移動をPFに限定する旨の論考が多く現れる。が、それと同時に、狭義統語論での主要部移動を防御する論考も存在する。その中で特に興味深いものに、Matushansky (2006)、Roberts (2010) がある。

例えばRoberts (2010) は、以下の例において、C位置に主要部移動した要素が、その位置から否定対極表現（negative polarity item）を認可する言語事実について述べる。

(43) a. *Which one of them does anybody like?
  b. Which one of them doesn't anybody like?
(44) a. *They succeeded in finding out which one of them anybody didn't like?
  b. They succeeded in finding out which one of them wasn't liked by anybody?   (Roberts 2010: 10)

(43a) は、肯定文なので、否定対極表現anybodyが認可されない。他方 (43b) は、C位置に主要部移動したdoesn'tが、主語位置にあるanybodyを認可している。そして (44a) は、didn'tがanybodyより低い位置にあるので、anybodyの認可がなされていない。が、(44b) では、wasn'tが、下位にあるanybodyを認可することにより正文となっている。否定対極表現の認可は意味に関わることなので、主要部移動には（Robertsは慎重に「主要部移動の中には」としているが）意味的効果があるという主旨である。

さて、日本語のテンス形式には、それぞれ個々の意味があるので、テンス素性の照合と絡めて、活用形の顕現を動詞移動と連動させる本書の枠組みは、既に、意味的効果の存在を背景とするものであるが、当節では、Roberts (2010) の論点と関連する新たな議論を提示したい。

以下では、副詞として機能する、(45) のような否定対極表現を

見る（以下、NPI と略記する）。

(45) 全然、まったく、とうてい、決して、あまり、さほど、そんなに、ろくに … （片岡 2006: 12 註 8）

(45) での NPI は、NegP の主要部に位置する否定要素と、指定部―主要部一致関係を結ぶものとして、NegP の指定部にあると考えられる。

(46) [$_\text{NegP}$ NPI-Adv [$_\text{Neg'}$ [$_\text{VP}$ … V] Neg]]
　　　　　　　Spec-Head Agreement

さて、(47)(48) を観察されたい。

(47) a.　学生集会に誰も来なかった。
　　 b.　学生集会に 3 年生が誰も来なかった。

(48) a.　*学生集会に 3 年生が誰も // 来なかった。
　　 b.　学生集会に 3 年生が // 誰も来なかった。

(47a) において、「誰も」は一見主語のように見えるが、(47b) のように、主語「3 年生が」が別に生じ得るので、「誰も」自体は主語ではなく、副詞であることが分かる。次に、(48) で休止（「//」で示す）を置いて読むとき、(48a) の「誰も」の後で休止を入れる区切りは極めて不自然で、(48b) のように、「誰も」の前で休止を入れる必要がある。(48b) での「//」は主語と動詞句の切れ目を示していると思われるので、「誰も」は主語 NP より下にあることが分かる。

　NPI は、否定辞に c 統御されることにより、NPI としての「意味」が認可されると考えられるので、NPI の認可には「意味的効果」があることが明白である。(47a, b) は終止形動詞を有する節なので、本書の枠組みでは、VP 内の V 位置に生成された動詞が、Neg 要素を拾いつつ Force 位置まで動詞移動する（v は省いて示す）。

(49) … [$_\text{NegP}$ NPI-Adv [$_\text{Neg'}$ [$_\text{VP}$ … V] Neg]] … Force

とすれば、顕在的に移動する日本語の動詞移動は、意味的効果を伴うと考えるのが自然であろう。

10. テンス素性の照合

　活用形に内在するテンス素性については、本書の幾つかの個所に分散して記したので、当節でまとめて示しておきたい。

　動詞がどのテンス値を持つかは計算列（Numeration）の段階で決まっており、そのテンス値を具有する主要部との間で素性照合が行われる。具体的には次のようなことである。第3章と第4章で論じたように、終止形は、完全な判断のパラダイムを有するので、「断定テンス（assertive tense）」の素性を持つと考えられる。それに対して連体形は、判断様式に対して判断確定性条件が適用されるので、終止形ほど完全な判断のパラダイムは有していない。しかし、定形テンスは持っているので、「定形テンス（finite tense）」の素性を具有している。そして、不定形の場合は、後続する形式に依存してテンス解釈が決まるので、形式が要求するテンス値に染まる「αテンス（α tense）」の素性を持つと言えよう（第3節）。他方、連用形は、独自の定形テンス値を持たず、その意味において積極的に認定すべきテンス素性を備えていない（テンスに関して「－（マイナス）」値を設定する）（第3節）。テ形に関しては、過去の事態であることを認識的に捉え、かつ、その過去の事態は主節にとって近い過去（immediate past）である（第5章）。テ形のテンス素性を「認識的テンス（cognitive tense）」としておきたい。以上を（50）でまとめておこう。

　　(50) a.　終止形：[＋ Assertive Tense]
　　　　b.　連体形：[＋ Finite Tense]
　　　　c.　テ形：[＋ Cognitive Tense]
　　　　d.　不定形：[α Tense]
　　　　e.　連用形：[－ Tense]

　あとは、これらのテンス素性の照合がどのように行われるかである。それぞれのテンス素性は、それを認可する主要部の有するテンス素性との間で照合が行われる。例えば連用形であれば、認可子のvが持つ［－ Tense］素性に対して照合される。それぞれのテンス素性の認可子と共にまとめて示すと次のようになる。

(51) a. ［＋ Assertive Tense］：Force
 b. ［＋ Finite Tense］：Fin
 c. ［＋ Cognitive Tense］：Fin
 d. ［α Tense］：T
 e. ［－ Tense］：v

　照合方式については、以前の主要部—主要部照合でもよいし、現行の一致（Agree）に基づくシステムでもよい。具体的には次のようになる。連用形を例として見ておこう。

（52）主要部—主要部照合

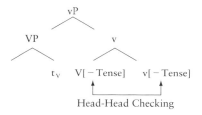

（52）では、Vがvまで動詞移動し、vに付加されることによって、主要部（V）と主要部（v）の間で照合が行われている。

（53）一致

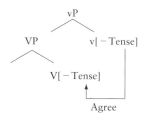

　そして（53）では、vとVの間に一致関係が成立し、ここでAgreeが発動する。しかし、Agreeは、素性値の付与（feature valuation）の後で、（連用形の場合）Vをv領域に移動する操作（ReMerge）なので、結果としては主要部—主要部照合と同じことになる。本書ではとりあえず（52）の方法を取っておきたい（ただし、ある種の'tucking-in'（Richards 2001）が必要となる）。

11. 第6章のまとめ

第6章では以下のことを論じた。

① 不定形とは、「る」形あるいは「た」形で現れるが、「る」→「た」あるいは「た」→「る」の交替がなく、後続する「形式」に依存する活用形を指す。

② 不定形は、後続する形式に依存してテンス解釈が決まり、［α Tense］素性を持つ。

③ 不定形節には叙法断定が宿らないが、不定形節の1タイプである条件の「と」節は、断定を仮定することが可能なことから、「判断の芽生え」が見られる。

④ 不定形節内に含まれ得る要素、及び、「だけ」句と否定辞の作用域に関する検証から、不定形節は、TP 領域を活性化している活用形であることが証明される。

⑤ 日本語には顕在的な動詞移動が存在し、かつ、この動詞移動には意味的効果があるので、狭義統語論において適用される。

⑥ 終止形、連体形、テ形、不定形、連用形が有するテンス素性は、それぞれの動詞移動の着地点において、着地先の主要部が持つテンス素性と照合される。

---

*1　日本語に不定形を認める数少ない研究者に三上章がいる（三上の用語では「不定法」）。しかしながら第1章の註6で記したように、三上の言う不定法は、本書での不定形より広範囲のものを含み、本書での不定形とは別の概念である。

*2　不定形の認定基準については Nikolaeva (2007) を参考にした。Nikolaeva は、英語における不定形の認定基準を次のように設定している。

(A)　従属節中に現れる。
(B)　動詞が一致及び定形テンスの活用を示さない。
(C)　T（テンス）が主語に主格を付与しない（主語が PRO となる）。
(D)　C（補文化辞）として that を選択する。

このうち、(A) は日本語にも当てはまるが、(B) ~ (D) は、このままでは日本語には適用できない。日本語には主語と動詞の一致がなく (B)、下の (ia-c) のように、連用形節・テ形節・命令文など、非定形テンスを持つ節（あるいは文）の主語が主格で現れ (C)、補文化辞の「と」が、定形節のみならず、本論

(1a) の「と」節のように、本書の基準では不定形節である構造にも生じ得るからである（D）。
(i) a. <u>太郎が博多に行き</u>、花子が佐賀に行った。（連用形節）
  b. <u>太郎が博多に行って</u>、花子が佐賀に行った。（テ形節）
  c. お前が行け！（命令文）

*3 「統合が実現すると」における、条件の「と」に前接する「実現する」が不定形であることは、Boškovićのテストを援用することによっても示される。Boškovićは、不定形は'irrealis'であり、不定形節だけでは真偽値は決められないと述べている。例えば (i) の、不定形動詞（to play）を含むコントロール節において、John tried to play footballの節内容に言及するwhich was falseが非文を導く。
(i) *John tried to play football, which was false.   (Bošković 1997: 13)
このことを背景にして (iia) を見ると、条件の「と」節において、明らかに非定形である「れば/たら」節と同様、「しかし、そうではない」が非文を導くことが分かる。ここで、「そう」は「太郎が {来れば/来たら/来ると}」の部分を指している。これと、定形となる「なら」節の (iib) が示す文法性の対比に注意されたい。
(ii) a. 太郎が {来れば/来たら/来ると} 問題が起こる。*しかし、そうではないので安心だ。
  b. 太郎が来る（の）なら問題が起こる。しかし、そうではないので安心だ。

同じことが、「と」以外の不定形節でも言える。下記を見られたい。「そう」が指す部分を下線で示す。
(iii) a. 甥は<u>会う</u>たびに逞しくなっているように見えた。*しかし、実際はそうではなかった。
  b. <u>手紙を書く</u>よりメールの方がずっと早い。*しかし、時にはそうではないこともある。
  c. 太郎は、<u>商売する</u>かたわら夜学に通ったと言った。*しかし、本当はそうではなかった。

*4 何を持って評価のモダリティ表現とするかについては宮崎・安達・野田・高梨（2007）に準拠する。

*5 ただし、「当たりくじを捨ててしまった」部分を、極端な強調イントネーションで読めば、「ね、そうだろう」がこの部分を確認する解釈も可能であろう。

*6 当節の内容は三原（2012b）に基づく。

*7 条件の「と」節は、「駅に着くと、太郎がもう来ていた」などにおける、事態が継起的に起こったことを表す時間用法が基本である。条件用法は、むしろ派生的に生じるもので（益岡1993、坪本1993）、継起的な事態が未来において起こる場合、従って、条件的に言わざるを得ない場合に条件用法が生じる。しかし、条件用法があることも事実なので、本書では条件用法の例を挙げる。

*8 デハナイカⅡ類は、体言・用言の双方に接続するデハナイカⅠ類と異なり、体言にしか接続できない。従って、用言に接続させる場合は、(17a, b) のように形式名詞「の」を挿入する必要がある。

*9　三宅知宏氏（私信）から、推量の「よう」は「れば/たら」節にも入り得ると指摘していただいたが、これらの場合、(i)のように「（で）ある」の介在が必要なので、扱いには慎重を要するように思う（文例は筆者）
(i)　親会社が無理難題を言ってくるようで｛あれば/あったら｝
ちなみに、条件の「なら」節は、「ある」の介在なしに「〜ようなら」が可能である。同私信の指摘にもあるが、「う/よう」と同義の「みたい」は「れば/たら」節に入らないので、この註で述べたことは「う/よう」が持つ特殊現象とすべきかもしれない。

10「まい」は、「行こうと行くまいと」の形では言えるが、「（オレが）行くまいと」のように単独では非文になるという点において。多分に慣用的表現ではある。また「まい」は、(21c)のように主語が三人称（「学生」）では否定推量となるが、本書で扱っているのは否定意図の用法である。

「よう/まい」は、過去形にならないので、不定形であると考えられる。三宅 (2011: 203 註3) は、「まい」を推量の範疇に入れ、「… 推量が表される形式は　屈折（活用）語尾レベル（生成文法的に言えば"INFL"のレベル、すなわち機能範疇に属するもの）の形式である … 」と述べている。三宅がINFLとしているものは、本書の枠組みではTである。

*11 第1章第6節で既に述べたのだが、以前の「裁断（truncation）分析」を「非活性化（inactivation）分析」に修正した背景には、そのようなことに対する配慮があった。ちなみにHaegemanも、副詞節の研究に関して、2006年の論考では裁断分析を採っていたが、2012年の論考では非活性化分析に修正している。

ところで、不定形節の述語は非定形であるから、CP層（CP-layer）の再利用に際してFinPを活性化させる必要はない。談話構造に関する素性は、文（正確には位相（Phase））を規制する計算列（Numeration）には入ってこないので、包括性条件（Inclusiveness Condition）とも無関係である（同様の見解についてMunakata 2009も参照されたい）。計算列とは、文を作るに際して心的辞書（Mental Lexicon）から選択された語彙範疇と機能範疇が、いったん蓄えられる部分を示す。いったん計算列に蓄えられるのは、人間の記憶能力には限界があるので、今から作ろうとしている文で用いる要素を記憶の容量に見合った数に限定するためである。また、包括性条件とは、文の派生に関して、計算列に存在しない要素を派生の過程で加えることを禁じる条件である。

*12 移動の着地点というのは、移動する要素が、幾つかの素性を移動の過程で照合しつつ、全ての素性照合が終了する地点ということである。

*13 当節での議論の一部は三原 (2012a) に基づく。

*14 本書で挙げた文献では、分散形態論の方法論を援用すると、日本語で動詞移動を仮定しなくとも説明が可能であるという議論がなされている。分散形態論では、併合と移動（内的併合）を繰り返し適用することでできあがった構造を音声化するにあたって、上から順に構造を平らにしていく操作（Demerge）が適用される。

簡略的に述べよう。以下の構造において、XPを分解して（取消線で示す）XをYに付加し、次に、YPを分解してY-XをZに付加するという主要部付加を繰り返してゆくと、最終的にZ-Y-Xという連鎖が得られる。

(i)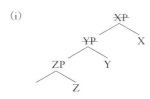

この最終的に得られる構造が、例えば、V-v-T-Fin-Force（終止形の場合）といった、動詞移動の結果生じる連鎖と同一のものであることが理解されよう。しかしながら、理論的枠組みの違いに反論しても実りがあるとは言えないので、当節では理論の相違に関してはこれ以上述べない。

参考文献

Akmajian, Adrian, Susan M. Steele, and Thomas Wasow (1979) The Category AUX in Universal Grammar. *Linguistic Inquiry* 10(1). pp.1–64.

Aoyagi, Hiroshi (1998) *On the Nature of Particles in Japanese and its Theoretical Implications*. Ph.D. Dissertation. University of Southern California.

青柳宏(2006)『日本語の助詞と機能範疇』東京:ひつじ書房.

Banfield, Ann (1982) *Unspeakable Sentences: Narration and Representation in the Language of Fiction*. Boston: Routledge & Kegan Paul.

Bellert, Irena. (1977) On Semantic and Distributional Properties of Sentential Adverbs. *Linguistic Inquiry* 8(2). pp.337–351.

Bloch, Bernard (1946) Studies in Colloquial Japanese, Part I, Inflection. *Journal of American Oriental Society* 66 [林栄一(監訳)(1975)『ブロック日本語論考』研究社に邦訳].

Bolinger, Dwight (1967) The Imperative in English. In M. Halle, H. Lunt, H. McClean, C. van Schooneveld (eds.) *To Honor Roman Jakobson: Essays on the Occasion of his Seventieth Birthday*. Vol.1. pp.335–362. The Hagne: Mouton.

Bosque, Ignacio (1980) Retrospective Imperatives. *Linguistic Inquiry* 11(2). pp.415–419.

Bošković, Željko (1997) *The Syntax of Nonfinite Complementation: An Economy Approach*. Cambridge, MA: MIT Press.

Bošković, Željko and Daiko Takahashi (1998) Scrambling and last resort. *Linguistic Inquiry* 29: 347–366.

Chomsky, Noam (1957) *Syntactic Structures*. The Hague: Mouton.

Chomsky, Noam (1986) *Barriers*. Cambridge, MA: MIT Presss.

Chomsky, Noam (1995) *The Minimalist Program*. Cambridge, MA: MIT Press.

Chomsky, Noam (2001) Derivation by Phase. In Michael Kenstowicz (ed.) *Ken Hale: A Life in Language*. pp.1–52. Cambridge, MA: MIT Press.

Chomsky, Noam (2008) On Phases. In Robert Freidin, Carlos P. Otero, and Maria Luisa Zubizarreta (eds.) *Foundational Issues in Linguistic Theory: Essays in Honor of Jean-Roger Vergnaud*. pp.133–166. Cambridge, MA: MIT Press.

Comrie, Bernard (1985) *Tense*. Cambridge: Cambridge University Press.

Davis, Stuart and Natsuko Tsujimura (1991) An Autosegmental Account of Japanese Verbal Conjugation. *Journal of Japanese Linguistics* 13. pp.117–144.

Declerck, Renaat (1991) *A Comprehensive Descriptive Grammar of English*.

Tokyo: Kaitakusha.

Emonds, Joseph E. (1978) The Verbal Complex V-V' in French. *Linguistic Inquiry* 9(2). pp.151–175.

Endo, Yoshio (2007) *Locality and Information Structure: A Cartographic Approach to Japanese.* Amsterdam: John Benjamins Publishing Company.

福原香織（2010）『日本語の時制―その形式と解釈のプロセス―』大阪大学博士論文.

藤巻一真（2011）「副詞のかき混ぜと焦点解釈」長谷川信子（編）『70年代生成文法再認識―日本語研究の地平―』東京：開拓社.

Fukui, Naoki and Hiromu Sakai (2003) The Visibility Guideline for Functional Categories: Verb Raising in Japanese and Related Issues. *Lingua* 113(4–6). pp.321–375.

言語学研究会・構文論グループ（1989a）「なかどめ―動詞の第二なかどめのばあい―」『ことばの科学』その2. pp.11–47. 東京：むぎ書房.

言語学研究会・構文論グループ（1989b）「なかどめ―動詞の第一なかどめのばあい―」『ことばの科学』その3. pp.163–179. 東京：むぎ書房.

Haegeman, Liliane (2006) Argument Fronting in English, Romance CLLD and the Left Periphery. In Raffaella Zanuttini, Hector Campos, Elena Herburger and Paul Portner (eds.) *Negation, Tense, and Clausal Architecture: Cross-linguistic Investigations.* pp.27–52. Washington DC.: Goergetown University Press.

Haegeman, Liliane (2012) The Syntax of MCP: Deriving the Truncation Account. In Lobke Aelbrecht, Liliane Haegeman, and Rachel Nye (eds.) *Main Clause Phenomena: New Horizon.* pp.113–134. Amsterdam: John Benjamins Publishing Company.

Hasegawa, Nobuko (2008) Licensing a Null Subject at CP: Imperatives, the 1st Person, and PRO. *Scientific Approaches to Language* No.7. pp.1–34. Center for Language Sciences, Kanda University of International Studies.

長谷川信子（2010）「CP領域からの空主語の認可」長谷川信子（編）『統語論の新展開と日本語研究―命題を超えて―』pp.31–65. 東京：開拓社.

Hasegawa, Yoko (1996) *A Study of Japanese Clause Linkage: The Connective TE in Japanese.* Tokyo: Kurosio Publishers.

Hiraiwa, Ken (1998) Nominative–Genitive Conversion, Genitive Feature Checking, and a Theory of Verbal Inflection in Japanese: A Synchronic and Diachronic Syntax. *Studies in Japanese Language and Culture* Vol.8. pp.119–132. Bulletin of the Department of Japanese, Osaka University of Foreign Studies.

Hiraiwa, Ken (2001) On Nominative–Genitive Conversion. *MIT Working Papers in Linguistics 39: A Few from Building E39.* pp.67–125.

Hooper, Joan B. (1975) On Assertive Predicates. In John P. Kimball (ed.) *Syntax and Semantics* 4. pp.91–124. New York: Academic Press.

Hooper, Joan B. and Sandra A. Thompson (1973) On the Applicability of Root Transformations. *Linguistic Inquiry* 4(4): pp.465–497.

Hornstein, Norbert (1984) *Logic as Grammar: An Approach to Meaning in Natural Language*. Cambridge, MA: MIT Press.

Huddleston, Rodney (1988) *English Grammar: An Outline*. Cambridge: Cambridge University Press.

井上和子（1976）『変形文法と日本語（上）』東京：大修館書店．

井上優（2001）「現代日本語の「タ」―主文末の「…タ」の意味について―」つくば言語文化フォーラム（編）『「た」の言語学』pp.97–163．東京：ひつじ書房．

井上優（2013）『相席で黙っていられるか―日中言語行動比較論―』東京：岩波書店．

Jackendoff, Ray S. (1972) *Semantic Interpretation in Generative Grammar*. Cambridge, MA: MIT Press.

Jackendoff, Ray S. (1977) *X' Syntax: A Study of Phrase Structure*. Cambridge, MA: MIT Press.

Johnson, Kyle (1991) Object Positions. *Natural Language & Linguistic Theory* 9(4). pp.577–636.

影山太郎（1993）『文法と語形成』春日部：ひつじ書房．

片岡喜代子（2006）『日本語否定文の構造―かき混ぜ文と否定呼応表現―』東京：くろしお出版．

加藤陽子（1995）「テ形節分類の一試案―従属度を基準として―」『世界の日本語教育』5. pp.209–224．

川端善明（1978-1979）『活用の研究 I・II』東京：大修館書店．

Keenan, L. Edward and Bernard Comrie (1972) Noun Phrase Accessibility and Universal Grammar. *Linguistic Inquiry* 8(1). pp.63–99.

金水敏（1993）「日本語の状態化形式の構造について」『平成5年国語学会秋季大会要旨』pp.21–29．

金水敏（1995）「日本語のいわゆるN'削除について―」阿部泰明・坂本正・曽我松男（編）『第三回　南山大学　日本語教育・日本語学国際シンポジウム報告書』pp.153–176．南山大学．

Klein, Wolfgang (1998) Assertion and Finiteness. In. N. Dittmar and Z. Penner (eds.) *Issues in the Theory of Language Acquisition: Essays in Honor of Jürgen Weissenborn*. pp.225–45 Bern: Lang.

Klima, Edward S. (1969) Relatedness Between Grammatical Systems. In David A. Reibel and Sanford A. Schane (eds.) *Modern Studies in English: Readings in Transformational Grammar*. pp.227–246. Englewood Cliffs: Prentice-Hall.

Koizumi, Masatoshi (1995) *Phrase Structure in Minimalist Syntax*. Ph.D. Dissertation. MIT［1999年ひつじ書房から刊行］．

Koizumi, Masatoshi (2000) String Vacuous Overt Verb Raising. *Journal of East Asian Linguistics* 9(3). pp.227–285.

工藤真由美（1982）「シテイル形式の意味記述」『武蔵大学　人文学会雑誌』13(4). pp.51–88．武蔵大学人文学会．

工藤真由美（1995）『アスペクト・テンス体系とテクスト―現代日本語の時間

の表現―』東京：ひつじ書房.

國廣哲彌（1982）「(テンス・アスペクト) 日本語・英語」森岡健二・宮地裕・寺村秀夫・川端善明（編）『講座日本語学11：外国語との対照Ⅱ』pp.2-18. 東京：明治書院.

久野暲（1973）『日本文法研究』東京：大修館書店.

Kuroda, S.-Y. (1972) The Categorical and the Thetic Judgments. *Foundation of Language* 9. pp.153–185.

Lakoff, Robin (1969) A Syntactic Argument for Negative Transportation. *CLS* 5. pp.140–147.

Larson, Richard K. (1988) On the Double Object Construction. *Linguistic Inquiry* 19(3). pp.335–391.

Leech, Geoffrey N. (1971) *Meaning and the English Verb*. London: Longman.

Lefebvre, Claire and Pieter Muysken (1988) *Mixed Categories: Nominalization in Quechua*. Dordrecht: Kluwer Academic Piblishers.

López, Luis (2009) *A Derivational Syntax for Information Structure*. Oxford: Oxford University Press.

益岡隆志（1991）『モダリティの文法』東京：くろしお出版.

益岡隆志（1993）「条件表現と文の概念レベル」益岡隆志（編）『日本語の条件表現』pp.23–39. 東京：くろしお出版.

益岡隆志（2000）『日本語文法の諸相』東京：くろしお出版.

Matushansky, Ora (2006) Head Movement in Linguistic Theory. *Linguistic Inquiry* 37(1). pp.69–109.

May, Robert (1985) *Logical Form: Its Structure and Derivation*. Cambridge, MA: MIT Press.

三原健一（1992）『時制解釈と統語現象』東京：くろしお出版.

三原健一（1994）『日本語の統語構造―生成文法理論とその応用―』東京：松柏社.

三原健一（1995）「概言のムード表現と連体修飾節」仁田義雄（編）『複文の研究（下）』pp.285–307. 東京：くろしお出版.

三原健一（1997）「連用形の時制指定について」『日本語科学』1. pp.25–36. 国立国語研究所.

三原健一（2004）『アスペクト解釈と統語現象』東京：松柏社.

三原健一（2007a）「Very Short Verb Movement」『日本語文法学会第8回大会発表予稿集』pp.82–90. 日本語文法学会.

三原健一（2007b）「動詞移動と活用形」『Conference Handbook 25: The Twenty-fifth Conference of the English Linguistic Society of Japan』. pp.53–56. 日本英語学会.

三原健一（2008）『構造から見る日本語文法』東京：開拓社.

三原健一（2010）「連用形の本質」『日本語・日本文化研究』第20号. pp.1–9. 大阪大学大学院言語文化研究科言語社会専攻海外連携特別コース.

三原健一（2011a）「活用形と句構造」『日本語文法』11（1）. pp.71–87. 日本語文法学会.

三原健一（2011b）「テ形節の意味類型」『日本語・日本文化研究』第212号.

pp.1-12. 大阪大学大学院言語文化研究科言語社会専攻海外連携特別コース.

三原健一（2012a）「主要部後置型言語における動詞移動」『JELS 29』pp.100-106. 日本英語学会.

三原健一（2012b）「活用形から見る日本語の条件節」三原健一・仁田義雄（編）『活用論の前線』pp.115-151. 東京：くろしお出版.

三原健一（2013）「テ形節の統語構造」『日本語・日本文化研究』第23号. pp.1-15. 大阪大学大学院言語文化研究科日本語・日本文化専攻.

三原健一・平岩健（2006）『新日本語の統語構造―ミニマリストプログラムとその応用―』東京：松柏社.

三原健一・榎原実香（2012）「地図製作計画における日本語の命令文」『日本語・日本文化研究』第22号. pp.1-16. 大阪大学大学院言語文化研究科日本語・日本文化専攻.

三上章（1953）『現代語法序説』東京：刀江書院［1972年くろしお出版から復刻］.

三上章（1959）『新訂版　現代語法序説―主語は必要か―』東京：刀江書院［1972年『続・現代語法序説―主語廃止論―』としてくろしお出版から復刻］.

南不二男（1974）『現代日本語の構造』東京：大修館書店.

南不二男（1993）『現代日本語文法の輪郭』東京：大修館書店.

三宅知宏（2011）『日本語研究のインターフェイス』東京：くろしお出版.

宮崎和人・安達太郎・野田春美・高梨信乃（2002）『モダリティ』（仁田義雄・益岡隆志・田窪行則（編）新日本語文法選書4）東京：くろしお出版.

宮田幸一（1948）『日本語文法の輪郭―ローマ字による新体系打立ての試み―』東京：三省堂［2009年くろしお出版から復刻］.

森田良行（1989）『基礎日本語辞典』東京：角川書店.

森山卓郎（1989）「認識のムードとその周辺」仁田義雄・益岡隆志（編）『日本語のモダリティ』pp.57-94. 東京：くろしお出版.

森山卓郎（1992）「日本語における「推量」をめぐって」『言語研究』第101号. pp.64-83. 日本言語学会.

Munakata, Takashi (2009) The Division of C-I and the Nature of the Input, Multiple Transfer, and Phases. In Kleanthes K. Grohmann (ed.) *InterPhase: Phase-Theoretic Investigations of Linguistic Interfaces*. pp.48-81. Oxford: Oxford University Press.

Nakamura, Koichiro (2008) Topic-focus Articulation and DP Scrambling as a Focus Movement in Japanese. *Western Conference on Linguistics 2008 Online Proceedings*. pp.231-240. University of California.

Nakatani, Kentaro (2013) *Predicate Concatenation: A Study of the V-te V Predicate in Japanese*. Tokyo: Kurosio Publishers.

中右実（1980）「文副詞の比較」國廣哲彌（編）『日英語比較講座2：文法』pp.157-219. 東京：大修館書店.

新川忠（1990）「なかどめ―動詞の第一なかどめと第二なかどめとの共存のばあい―」『ことばの科学』その4. pp.59-171. 東京：むぎ書房.

Nikolaeva, Irina (2007) Introduction. In Irina Nikolaeva (ed.) *Finiteness: Theo-*

retical and Empirical Foundations. pp.1–19. Oxford: Oxford University Press.

仁田義雄（1991）『日本語のモダリティと人称』春日部：ひつじ書房.

仁田義雄（1995）「シテ形接続をめぐって」仁田義雄（編）『複文の研究（上）』pp.87–126. 東京：くろしお出版.

日本語記述文法研究会（編）（2003）『現代日本語文法4：モダリティ』東京：くろしお出版.

日本語記述文法研究会（編）（2007）『現代日本語文法3：アスペクト・テンス・肯否』東京：くろしお出版.

日本語記述文法研究会（編）（2008）『現代日本語文法6：複文』東京：くろしお出版.

日本語記述文法研究会（編）（2010）『現代日本語文法1：総論・形態論』東京：くろしお出版.

野田尚史（2012）「動詞の活用論から述語の構造論へ―日本語を例とした拡大活用論の提案―」三原健一・仁田義雄（編）『活用論の前線』pp.51–77. 東京：くろしお出版.

奥田靖雄（1953）「単語について」『新しい教室』8月号.

奥田靖雄（1985a）「言語における形式」『ことばの研究・序説』pp.31–40. 東京：むぎ書房［初出は『教育国語』35］.

奥田靖雄（1985b）「連用、終止、連体…」『ことばの研究・序説』pp.53–66. 東京：むぎ書房［初出は『宮城教育大学　国語国文』6］.

奥津敬一郎（1974）『生成日本文法論―名詞句の構造―』東京：大修館書店.

大島資生（2010）『日本語連体修飾節構造の研究』東京：ひつじ書房.

Platzack, Christer and Inger Rosengren (1998) On the Subject of Imperatives: A Minimalist Account of Imperative Clauses. *Journal of Comparative Germanic Linguistics* 1. pp.177–224.

Pollock, Jean-Yves (1989) Verb Movement, Universal Grammar, and the Structure of IP. *Linguistic Inquiry* 20(3). pp.365–424.

Poser, William J. (1984) *The Phonetics and Phonology of Tone and Intonation in Japanese*. Ph.D. Dissertation. MIT.

Potsdam, Eric (1996) *Syntactic Issues in the English Imperative*. Ph.D. Dissertation. Santa Cruz: University of California. [Published from Garland in 1998].

Richards, Norvin (2001) *Movement in Language: Interactions and Architectures*. Oxford: Oxford University Press.

Rizzi, Luigi (1990) *Relativized Minimality*. Cambridge, MA: MIT Press.

Rizzi, Luigi (1997) The Fine Structure of the Left Periphery. In Liliane Haegeman (ed.) *Elements of Grammar: Handbook of GenerativeSyntax*, pp.281–337. Dordrecht: Kluwer Academic Pubishers.

Rizzi, Luigi (2004) Locality and Left Periphery. In Adriana Belletti (ed.) *Structures and Beyond: The Cartography of Syntactic Structures* Vol.3. pp.223–251. Oxford: Oxford University Press.

Roberts, Ian (2010) *Agreement and Head Movement: Clitics, Incorporation, and Defective Goals*. Cambridge, MA: MIT Press.

Rupp, Laura (2003) *The Syntax of Imperatives in English and Germanic: Word Order Variation in the Minimalist Framework* . New York: Palgrave Macmillan.

Sakai, Hiromu (1998) Feature Checking and Morphological Merger. *Japanese/Korean Linguistics* Vol.8. pp.189–201.

佐久間鼎（1936）『現代日本語の表現と語法』東京：厚生閣［1983年くろしお出版から復刻］．

城田俊（1998）『日本語形態論』東京：ひつじ書房．

Stowell, Tim (1982) The Tense of Infinitives. *Linguistic Inquiry* 13(3). pp.561–570.

鈴木重幸（1972）『日本語文法・形態論』東京：むぎ書房．

鈴木重幸（1989）「動詞の活用形・活用表をめぐって」『ことばの科学』2. pp.109–134. 東京：むぎ書房．

高橋太郎（1994）『動詞の研究―動詞の動詞らしさの発展と消失―』東京：むぎ書房．

高橋太郎（1994）「連体形のもつ統語論的な機能と形態論的な性格の関係」『動詞の研究』pp.33–57. 東京：むぎ書房．［初出は『教育国語』39］．

田川拓海（2008）『分散形態論による動詞の活用と語形成の研究』筑波大学博士論文．

Takano, Yuji (2002) Surprising Constituents. *Journal of East Asian Linguistics* 11(3). pp.243–301.

田窪行則（1987）「統語構造と文脈情報」『日本語学』5（6）．pp.37–48.

田丸卓郎（1920）『ローマ字文の研究』東京：日本のローマ字社．

田村澄香（2008）『現代日本語における名詞文の時間表現』広島：渓水社．

Tamori, Ikuhiro (1976–1977) The Semantics and Syntax of the Japanese Gerundive and Infinitive Conjunctions. *Papers in Japanese Linguistics* 5, pp.307–360.

寺村秀夫（1984）『日本語のシンタクスと意味II』東京：くろしお出版．

時枝誠記（1950）『日本文法　口語篇』（岩波全書114）東京：岩波書店．

Thorne, J.P. (1966) English Imperative Sentences. *Journal of Linguistics* 2. pp.69–78.

Travis, Lisa (1984) *Parameters and Effects of Word Order Variation*. Ph.D. Dissertation. MIT.

坪本篤朗（1993）「条件と時の連続性―時系列と背景化の諸相―」益岡隆志（編）『日本語の条件表現』pp.99–130. 東京：くろしお出版．

内丸裕佳子（2006）『形態と統語構造との相関―テ形節の統語構造を中心に―』筑波大学博士論文．

Van der Wurff, Wim (ed.) (2007) *Imperative Clauses in Generative Grammar*. Amsterdam: John Benjamins Publishing Company.

Volpe, Mark (2005) *Japanese Morphology and Its Theoretical Consequences: Derivational Morphology in Distributed Morphology*. Ph.D. Dissertation. Stony Brook University.

鷲尾龍一・三原健一(1997)『ヴォイスとアスペクト』(中右実(編)日英語比較選書7)東京：研究社出版.

Watanabe, Akira (1996) Nominative–Genitive Conversion and Agreement in Japanese: A Cross-linguistic Perspective. *Journal of East Asian Linguistics* 5(4). pp.373–410.

山口治彦(2009)「視点の混在と小説の語り―自由間接話法の問題をめぐって―」坪本篤朗・早瀬尚子・和田尚明(編)『「内」と「外」の言語学』pp.217–248. 東京：開拓社.

吉永尚(2008)『心理動詞と動作動詞のインターフェイス』大阪：和泉書院.

索　引

A
Addressee　28-31

C
Control Relationship　28-29
CP層　5, 129

V
VP殻　5

い
位相　9-10
意味的効果　123-124, 127
意味的定形性　59-60, 74

か
格の階層　46
学校文法の活用表　2-3, 14
緩衝母音　6, 12, 17, 25

き
強断定　43-44, 56
近接過去　78, 87-89, 101

け
形態的定形性　60, 74

こ
呼格　28-29
語根　4, 15
語根形　5

さ
最小活用形　17
「さえ」焦点化テスト　82

し
視点の原理　61-62, 72, 74-75
弱断定　43-44, 47, 56
純粋主題　9-10, 29, 31, 39, 99-100, 102
小動詞　5, 16-18, 105, 120

せ
節サイズ　7, 11, 24
絶対時制　61, 71, 111
節的定形性　60, 74

そ
相対時制　61, 71-72, 75, 87, 111

た
対照主題　8-9, 29-31, 99, 101
断定　43-44, 56, 59, 75, 108, 111-113, 127
談話修復　13-14, 115-116

ち

地図製作計画　4-5, 13, 78

て

定形性　59-60, 74-75

と

動詞移動　4-5, 13, 16-17, 21, 24, 118-124, 126-127, 129-130
動詞句内主語仮説　5

に

認識的過去　83
認識的テンス　125

は

判断　43-44, 46-48, 50, 56, 69
判断形成過程　51
判断のパラダイム　33, 44, 47, 114, 125
判断の芽生え　113, 127

ふ

不定形　3, 5, 9, 12, 14-16, 32, 47, 51, 60, 75, 104

へ

平板型　37

む

ムードの「た」　67-68

も

モダリティの階層　48

ゆ

有核アクセント型　37

三原健一(みはら けんいち)

略歴
1950年宮崎県生まれ。1979年大阪外国語大学修士課程修了。富山大学、大阪外国語大学を経て、現在、大阪大学大学院教授。2005年東北大学博士(文学)取得。

主な著書
『時制解釈と統語現象』(1992年、くろしお出版)、『日本語の統語構造』(1994年、松柏社)、『アスペクト解釈と統語現象』(2004年、松柏社)、『構造から見る日本語文法』(2008年、開拓社)。

ひつじ研究叢書〈言語編〉第131巻
日本語の活用現象
Syntax and Semantics of Conjugation in Japanese
Ken-ichi Mihara

発行	2015年11月9日 初版1刷
定価	3800円+税
著者	©三原健一
発行者	松本功
ブックデザイン	白井敬尚形成事務所
組版所	株式会社 ディ・トランスポート
印刷・製本所	株式会社 シナノ
発行所	株式会社 ひつじ書房

〒112-0011 東京都文京区千石2-1-2 大和ビル2階
Tel: 03-5319-4916   Fax: 03-5319-4917
郵便振替 00120-8-142852
toiawase@hituzi.co.jp   http://www.hituzi.co.jp/

ISBN 978-4-89476-768-3

造本には充分注意しておりますが、落丁・乱丁などがございましたら、小社かお買上げ書店にておとりかえいたします。
ご意見、ご感想など、小社までお寄せ下されば幸いです。

刊行のご案内

〈ひつじ研究叢書（言語編） 第 96 巻〉
日本語文法体系新論
派生文法の原理と動詞体系の歴史
清瀬義三郎則府 著　定価 7,400 円＋税

〈ひつじ研究叢書（言語編） 第 109 巻〉
複雑述語研究の現在
岸本秀樹・由本陽子 著　定価 6,800 円＋税

〈ひつじ研究叢書（言語編） 第 111 巻〉
現代日本語ムード・テンス・アスペクト論
工藤真由美 著　定価 7,200 円＋税

〈ひつじ研究叢書（言語編） 第 112 巻〉
名詞句の世界
その意味と解釈の神秘に迫る
西山佑司 編　定価 8,000 円＋税

刊行のご案内

〈ひつじ研究叢書（言語編）　第 115 巻〉
日本語の名詞指向性の研究
新屋映子 著　定価 6,200 円＋税

〈ひつじ研究叢書（言語編）　第 121 巻〉
テキストマイニングによる言語研究
岸江信介・田畑智司 編　定価 6,700 円＋税

〈ひつじ研究叢書（言語編）　第 122 巻〉
話し言葉と書き言葉の接点
石黒圭・橋本行洋 編　定価 5,600 円＋税

〈ひつじ研究叢書（言語編）　第 123 巻〉
パースペクティブ・シフトと混合話法
山森良枝 著　定価 5,500 円＋税

刊行のご案内

〈ひつじ研究叢書（言語編）　第 124 巻〉
日本語の共感覚的比喩
武藤彩加 著　定価 8,500 円＋税

〈ひつじ研究叢書（言語編）　第 125 巻〉
日本語における漢語の変容の研究
副詞化を中心として
鳴海伸一 著　定価 6,500 円＋税

〈ひつじ研究叢書（言語編）　第 126 巻〉
ドイツ語の様相助動詞
その意味と用法の歴史
髙橋輝和 著　定価 15,000 円＋税

〈ひつじ研究叢書（言語編）　第 128 巻〉
手続き的意味論
談話連結語の意味論と語用論
武内道子 著　定価 7,800 円＋税

刊行のご案内

ひつじ意味論講座1　語・文と文法カテゴリーの意味
澤田治美 編　定価 3,200 円＋税

ひつじ意味論講座2　構文と意味
澤田治美 編　定価 3,200 円＋税

ひつじ意味論講座3　モダリティⅠ：理論と方法
澤田治美 編　定価 3,200 円＋税

ひつじ意味論講座4　モダリティⅡ：事例研究
澤田治美 編　定価 3,200 円＋税

ひつじ意味論講座5　主観性と主体性
澤田治美 編　定価 3,200 円＋税

ひつじ意味論講座6　意味とコンテクスト
澤田治美 編　定価 3,200 円＋税

ひつじ意味論講座7　意味の社会性
澤田治美 編　定価 3,200 円＋税

刊行のご案内

生成言語研究の現在
池内正幸・郷路拓也 編著　定価 5,800 円 + 税

日本語カートグラフィー序説
遠藤喜雄 著　定価 3,800 円 + 税

日本語複文構文の研究
益岡隆志・大島資生・橋本修・堀江薫・
前田直子・丸山岳彦 編　定価 9,800 円 + 税

複合動詞研究の最先端
謎の解明に向けて

影山太郎 編　定価 8,600 円 + 税

刊行のご案内

On Peripheries
Exploring Clause Initial and Clause Final Positions

Anna Cardinaletti・Guglielmo Cinque・Yoshio Endo 編
定価 14,000 円 + 税

フランス語学の最前線 3
【特集】モダリティ

川口順二 編　定価 5,000 円 + 税

刊行のご案内

ベーシック日本語教育
佐々木泰子 編　定価 1,900 円 + 税

ベーシック英語史
家入葉子 著　定価 1,600 円 + 税

ベーシック生成文法
岸本秀樹 著　定価 1,600 円 + 税

ベーシック現代の日本語学
日野資成 著　定価 1,700 円 + 税

ベーシックコーパス言語学
石川慎一郎 著　定価 1,700 円 + 税

コースブック意味論　第二版
ジェイムズ・R・ハーフォード他 著　吉田悦子他 訳
定価 3,500 円 + 税